CW00501351

ДАИТЕ МНЕ, ИИСУСА

Copyright © 2024 by Vadim Makoyed

Все права защищены международным законодательством об авторских правах. Настоящее издание не может воспроизводиться или распространяться, целиком или частично, никакими средствами, включая фотографические, звукозаписывающие, электронные или печатные, без предварительного соответствующего разрешения издателя (за исключением кратких цитат в специальных книжных обозрениях или иных случаях, дозволенных законом об авторских правах).

За разрешением обращаться к автору:

Vadim Makoyed
vadimakoyed@gmail.com
www.givemejesusbook.com

Дизайн © by Vadimages, Inc.

ISBN 979-8-8691-3235-2 (мягкий переплёт)

Printed in USA

Дизайн обложки: Vadimages, Inc.
Вёрстка: Vadimages, Inc.
Перевод и редактура: Евгений Марчук
Ответственный за выпуск: Вадим Макоед

Первое издание (мягкий переплёт): март 2024

www.givemejesusbook.com

ПОСВЯЩЕНИЕ

Моей жене Наталье посвящается. Всегда удивляюсь тому, как твоя безусловная любовь находит пути творить добро окружающим. Моя возлюбленная невеста, ты своей жизнью показываешь, как жить с Иисусом в свете этого статуса.

БЛАГОДАРНОСТИ

Хочу поблагодарить свою жену за то, что она первая вдохновила меня написать эту книгу. Благодарю родителей за их безоговорочную поддержку. Я также признателен всем мужчинам и женщинам (пусть и не упоминая их имён), с которыми еженедельно встречаюсь для молитвы.

СОДЕРЖАНИЕ

Введение 9

◆ **ЖИЗНЬ В ПРЕДВКУШЕНИИ ПРИШЕСТВИЯ ИИСУСА** — **13**

Конец начинается с веры 15

Иисус Ветхого Завета 21

Раннехристианская Церковь ожидала Иисуса 35

Невеста ожидает Иисуса 41

Ожидает ли Иисуса современная Церковь? 57

◆ **ПИСЬМА СОВРЕМЕННОЙ ЦЕРКВИ** — **75**

Церкви безразличной 77

Церкви глупой 89

Церкви ожиревшей 113

Церкви спящей 133

Церкви бесплодной 161

Церкви обольщённой 181

◆ **ГОТОВНОСТЬ НОМЕР ОДИН** — **203**

Начало конца 205

Жизнь в духе пробуждения 225

ВВЕДЕНИЕ

ЕСТЬ ОСОБЫЙ ТИП ВЕРУЮЩИХ ЛЮДЕЙ – христиане, непохожие на остальных. Они выделяются из общего числа кипучим, неугасимым, бдительным настроем – быть готовыми к встрече грядущего Жениха.

Они и есть Невеста, живущая по иным стандартам, достигнув посвящения иного уровня. Эти христиане бескомпромиссны, несгибаемы, неуязвимы перед соблазнами. С этим остатком верующих, нетронутой Невестой, Иисус однажды и войдёт на брачный пир.

Пусть прошло не так и мало времени, но тот день, когда влюблённая в Жениха Невеста соединится с Ним в браке, непременно настанет, и тогда они будут навеки вместе – верующие, обручённые Агнцу Божьему.

К сожалению, Церковь столкнулась с великим заблуждением, прокравшимся внутрь, как тот хитрый змей в райском саду. Увлёкшись коварным спектаклем, Церковь постепенно поддалась на знакомый голос, который звучит точь-в-точь, как истина, но ею не является.

Иисус выстоял в войне слов с дьяволом, пройдя искушение в пустыне (Мф 4:1–11). Изнемогший после сорокадневного поста, Иисус был вынужден отбиваться от Своего же Слова, которым враг атаковал Его. Как можно парировать библейскую истину библейской истиной? Что делать, когда враг цитирует истину? Может, он и не враг вовсе, если так хорошо знает Христа. Вдруг он самый преданный поклонник? Но в ответ на слова Писания Иисус бьёт в самую суть. На Него нельзя было надавить или ловко обхитрить. Он насквозь видел лукавые козни и в итоге одержал победу.

Как ни печально, современная Церковь терпит поражение в такой же битве. Христиане хорошо знают содержание Библии, но с большим трудом улавливают её смысл.

Церковь наших дней купилась на уловки врага и исказила истинный образ, по которому Иисус её создавал. Невеста не готова к брачному пиру, а тем временем близится конец. Мы живём в последние дни, а Иисус придёт «как тать ночью». Готовиться нужно очень быстро.

Эту книгу я и написал для того, чтобы мы сумели подготовиться. Во имя этой цели я призываю читателя просмотреть многие области своей жизни, которые могут помешать Невесте оказаться на брачном пире – и индивидуально, и как община верных Господу людей.

«Время суда настало, и суд начнётся с Божьего дома» (1 Петр 4:17).

Бывает, человек неверно понимает короткое сообщение, присланное на смартфон. Надеюсь, ничего подобного не случится с моей книгой, и в этом более объёмном тексте вы сможете прочувствовать глубину моих чувств. Я люблю вас всех, люблю Церковь. Церковь – моё тяжкое бремя и глубокая страсть. Потому-то я и не хочу подслащать горькую пилюлю и пишу открыто, как есть.

Мартин Лютер однажды сказал: «Пусть лучше я скажу истину чересчур грубо, чем превращусь в лицемера и скрою её».

Некоторым читателям может показаться, что в моей книге слишком много негатива и критики. Кто-то даже решит, что я выступаю против Церкви. Но я вспоминаю Иеремию, который пророчествовал израильскому народу о надвигающемся поражении, позорном пленении и пребывании в вавилонском изгнании. Народ обвинял пророка в антиизраильских настроениях. По их мнению, он провозглашал свою обидную весть из ненависти к иудеям.

Никто и не задумывался о том, что Иеремия возвращался домой, чтобы дать волю слезам, рыдая о нераскаянном народе.

«О, если бы голова моя была водным потоком, и глаза мои – фонтаном слёз, чтобы оплакивать днём и ночью сражённых из моего народа» (Иер 9:1).

Вот и я рыдаю о современной Церкви, из-за того, как далеко она отошла от Креста. Это очень непростая тема, и я откладывал её долгое время, пока Святой Дух не припёр меня к стене, повелев писать. С куда большим удовольствием я писал бы о чём-то позитивном и вдохновляющем. Так было бы гораздо безопаснее. Но Слово Божье предназначено прежде всего не для услаждения, а для «научения, обличения, исправления, для наставления в праведности» (2 Тим 3:16).

Леонард Равенхилл пишет: «Когда же мы начнём скорбеть о злокачественных образованиях, обездвиживающих Божий народ сегодня? Когда ваш пастор в последний раз восклицал с кафедры пылкую мольбу: "О, если бы Ты разорвал небеса и сошёл!"?»[1]

Итак, откройте сердца и позвольте Божьему Слову осуществить точное хирургическое вмешательство. Иисус зовёт каждого. Он не просто хочет, чтобы вы как-то доковыляли до вечности. Его любовь гораздо сильнее – Иисус желает, чтобы мы вечно были у Его груди, рядом с Его сердцем, а не где-то на расстоянии. Он не просто хочет завести знакомство; Его цель – сочетаться со Своей Невестой.

Не ожесточитесь при чтении этой книги. Если окажется, что ваше сердце безупречно в тех сферах, о которых я пишу, прославьте Его и молитесь за свою церковь и Церковь по всему миру. Если что-то вызовет раздражение, отвлекитесь на мгновение, скажите: «Дух Святой, сделай Свою работу во мне», и продолжайте читать.

Я уверен, что вы получите благословение и ободрение, несмотря на то, что моё послание звучит обличительно.

Маранафа! Ей, гряди, Господи Иисусе, гряди скоро!

ЖИЗНЬ В ПРЕДВКУШЕНИИ ПРИШЕСТВИЯ ИИСУСА

ГЛАВА 1

КОНЕЦ НАЧИНАЕТСЯ С ВЕРЫ

ИИСУС СКОРО ПРИДЁТ. Его пришествие будет внезапным, оно может случиться в любой момент. Весть о конце времени совершенно правдива. Иисус идёт за Своей Невестой. Дата бракосочетания назначена и, предвкушая долгожданное событие, Невеста начинает готовиться.

Церкви, готовящейся встречать Иисуса в качестве Невесты, крайне важно понимать значимость событий последнего времени. В таком случае, давайте вернёмся к истокам вести о последнем времени. А находятся они, как можно было бы ожидать, даже не в Книге Откровения. Ключевое слово скрыто в самом определении веры.

Принимая Иисуса в своё сердце, мы порой даже не осознаём, что приобретаем веру, сосредоточенную на последнем времени. Принятие Иисуса Христа как Спасителя – это, разумеется, вера, но частичная. Полнота веры гласит, что Иисус Христос есть Спаситель, который умер, воскрес, вознёсся и вновь грядёт на землю. Заключительные слова из этого перечня часто упускают из виду.

Подлинную веру никак нельзя отделить от эсхатологии. Мощная, множащаяся и целеустремлённая вера произрастает из ожидания второго пришествия Христа. Только такая вера, приправленная ощущением неизбежности конца, и способна спасти современное христианство от благодушия, религиозности и заблуждений.

Каждый верующий, если хочет вести здоровый образ духовной жизни, должен постоянно ожидать внезапного явления Мессии. Я утверждаю, что иной альтернативы – помимо такой веры, угодной Богу – у нас попросту нет. Только таковая и может быть настоящей. Позвольте показать, о чём я говорю.

«Без веры же Богу угодить невозможно» (Евр 11:6).

Весть о последнем времени скрыта в самом определении веры.

Что же это за вера, на которую Бог столь благосклонно реагирует? Я понимаю, что есть разные представления о вере, и они не могут быть одинаковыми. Лишь одна может угодить Богу.

Есть вера, которую можно назвать бесовской. Бесы верят в существование Бога и трепещут перед Ним (Иак 2:19), но я всё же не думаю, что такая вера Бога особенно впечатляет.

Есть вера без доверия. Многие миллионы людей уверены в том, что Бог есть, но они не ходят Божьими путями. У них нет страха, или благоговения, перед Ним. И такая вера совершенно бесполезна. Она не подталкивает своего обладателя к Богу. Можно ли ею угодить Богу? Вот уж не думаю.

Какая же вера угодна Отцу? Какая способна вызвать благоволение Его сердца? Похоже, ответ на этот вопрос не такой уж очевидный, как может показаться с первого взгляда.

«Без веры же Богу угодить невозможно, потому что каждый, кто приходит к Нему, должен верить в то, что Он есть и что Он вознаграждает тех, кто Его ищет» (Евр 11:6).

Этот ключевой стих показывает, что подлинной вере присуще действие. Она не статична. Вера отправляет человека в путь, ведёт к свершениям, толкает на подвиги. Такая вера ищет нечто утерянное, и без должного усердия это не найти.

Герои веры, упомянутые в знаменитой одиннадцатой главе Послания евреям, имели веру последнего времени, которая превратила их в людей, ходящих в богоугодной вере. В описании их свершений можно уловить определённую тенденцию.

Все они были людьми уникальными, обладали разными дарованиями, отметились присущими только им достижениями. Однако на самом базовом уровне они обладали примечательным сходством.

«Вера – это уверенность в том, чего мы с надеждой ожидаем, подтверждение того, чего мы не видим. Древние *жили* такой *верой* и заслужили одобрение» (Евр 11:1–2).

Итак, люди древности приобрели одобрение Бога за их уверенность в том, чего они видеть не могли. В чём же они были так уверены? Чего они ожидали с непоколебимой надеждой? За что из невидимого они так крепко ухватились? О чём мы вообще здесь говорим? Шаг за шагом мы двигаемся к пониманию основополагающих истин, что, в свою очередь, поможет вам соединиться с Невестой Христовой.

Когда речь заходит о вере, угодной Богу, нам следует задаться вопросом: а что вообще Богу угодно? На него есть простой и краткий ответ: Иисус. На протяжении всех веков Бог Отец с благоволением реагировал только на одно – Своего Сына.

Понимание этого факта позволяет нам понять, почему мы раз за разом натыкаемся на рассказы о жертвенниках, которые воздвигали Авраам, Исаак, Иаков, Моисей и другие. Где не было жертвенника, не стоило ждать и благоволения. Но когда кто-то строил жертвенник, это было угодно Богу, и за этим следовал успех.

Всё дело в том, что жертвенник олицетворял Иисуса и Его подвиг, совершённый на земле. Это же видно в кровавых жертвоприношениях, которые совершали люди. Бог принимал эти жертвы, потому что они символизировали Иисуса.

Красота и благость Закона обусловлены тем, что он указывал на Иисуса. Бог целенаправленно дал Закон в качестве прообраза Своего Сына – Закон стал ветхозаветным изображением Иисуса. Да и Храм Соломонов во всем своем великолепии отображал подвиг Иисуса.

Иначе говоря, Бог не может принять или удовлетвориться чем-либо другим, помимо Иисуса. Отец так сильно любит Сына, что не желает признавать ничего иного. Отцу чуждо всё, что не принадлежит Сыну. «Ведь Он избрал нас в Нём ещё до создания мира, чтобы нам быть святыми и непорочными перед Ним» (Еф 1:4).

Единственная причина, по которой нас принимает Отец, заключается в том, что христиане пребывают в союзе с Христом. Иными словами, Бог принимает Иисуса, в Котором мы укрываемся. Сами по себе мы не можем похвастать ничем, что было бы угодно Богу или хотя бы приемлемо в Его очах.

«В этом проявлена вся слава Его благодати, которую Он дал нам во Христе, возлюбленном *Им*» (Еф 1:6).

Подлинная вера обусловлена не усилиями, а положением.

«Все они получили одобрение *Бога* за свою веру, но ни один из них *при жизни* не получил того, что было обещано, потому что и для нас Бог предусмотрел нечто лучшее, чтобы только вместе с нами они достигли совершенства» (Евр 11:39–40).

Итак, речь заходит о каком-то совершенстве. Здесь сказано, что Бог Отец не хотел, чтобы герои Ветхого Завета достигли некоего совершенства без нашего участия. Им пришлось дожидаться нас, новозаветных верующих. Есть лишь одно совершенство, и обрести его можно исключительно в Иисусе Христе.

Так вот, мы все – люди древности и люди современности – связаны в этом воедино. Наша вера тоже может угодить Богу, однако она обусловлена не усилиями, а положением. Такая вера – не от дел, а от бытия, или пребывания.

Вера, угодная Богу – это вера, пребывающая в Христе. Однако, начав копать глубже, я уяснил, что это лишь одна грань истины.

ОБЪЕКТ ИСТИННОЙ ВЕРЫ

Вере, описанной в Евр 11, присуще нечто большее. Вера, о которой так вдохновенно говорит автор послания, состоит из действия, движения и конкретной цели. Речь вовсе не о каком-то статичном чувстве убеждённости в чём-либо.

Каждого из героев знаменитой главы что-то влекло. Вера заставляла их идти на из ряда вон выходящие подвиги и совершать невозможное. Ими двигало нечто очень реальное и определённое.

Это был Мессия. Персонажи Евр 11 не только знали о Нём, но и понимали Его замысел искупления, что заставляло их устремляться вперёд. Такие действия и делают веру по-настоящему угодной Богу – верой, сосредоточенной на Иисусе Христе и, что чрезвычайно важно, предвкушающей Его пришествие.

Павел утверждает, что все герои веры видели Иисуса, будь то физически или нет, и их героизм был вызван исключительно тем, что Он внушал им. Апостол настаивал, что именно этот факт был единственной причиной самоотверженной смелости, отмеченной на страницах Ветхого Завета.

Эти герои веры имели особые отношения с Иисусом. Они узрели Его за столетия, а некоторые даже за тысячелетия до того, как Он явился на землю в теле человека. От подобных мыслей голова идёт кругом.

Нам никак не обойти тот факт, что каждый из упомянутых персонажей отчаянно желал увидеть пришествие Господа, и именно это заставляло их совершать экстраординарные подвиги.

Апостол разгадал этот секрет и стремился передать его раннехристианской Церкви. Павел старался внушить верующим желание поступать так же. Он писал, вдохновляя первых христиан жить верой, которая ожидает второе пришествие Господа. Именно так апостол пытался подготовить Церковь к брачному пиру Агнца.

Те герои веры, о которых повествует Послание евреям, умерли и стали «облаком свидетелей», болеющих за Церковь, которая всё ещё свершает путь (Евр 12:1). Они словно говорят: «У вас всё получится! Вы можете добиться невозможного и жить сверхъестественно. Будьте смелы перед лицом гонений. Вы сможете выстоять ради Христа. Он скоро грядёт. Только не сдавайтесь. Потерпите ещё чуть-чуть!»

Я убеждён, что ожидание возвращения Иисуса – это наиболее значимый элемент, который отсутствует или находится в пренебрежении в современной Церкви. По сути дела, это и служит непосредственной причиной отпадения от веры, которое Церковь ныне переживает.

Никакое иное видение не может дать современному христианству должные рамки, сосредоточенность и целеустремлённость, помимо веры в грядущего Иисуса Христа, который собирается сочетаться со Своей Невестой.

Как бы выглядела христианская вера, будь в ней острое осознание того, что Иисус скоро вернётся? Как бы мы ходили перед Богом в повседневной жизни, зная, что следует всегда быть готовыми? Если мы со всей серьёзностью отнесёмся к этой мысли, наше христианство превратится в радикальное и самоотверженное движение. Мы станем бесстрашными, всеми фибрами души настроившись на то, чтобы деятельно приближать День Господень.

Каждый новозаветный автор писал о втором пришествии Иисуса. Практически каждая книга в Новом Завете содержит ту или иную истину о великом Дне Господнем, и как его предвкушение должно мотивировать нас.

Весть о последнем времени никогда не бывала запоздалым пояснением, проповедью, звучащей раз в год. Она была настоящим движителем раннехристианской Церкви. Самая первая проповедь новорождённой Церкви была построена на факте возвращения Иисуса. «Галилеяне, что вы стоите и смотрите в небо? Этот Иисус, Который был взят от вас в небеса, придёт точно таким же образом, какими вы видели Его возносящимся» (Деян 1:11).

Итак, нужно быть поглощённым единственным желанием – увидеть возвращение Помазанника Иисуса. Я уверен, что таков единственный способ вернуть современную Церковь к тому уровню эффективности, которой обладали первые христиане. «Поэтому приготовьте свой ум к действию. Храните самообладание, полностью надейтесь на благодать, которая будет вам дана, когда явится Иисус Христос» (1 Петр 1:13).

Предлагаю погрузиться ещё глубже в изучение жизни героев веры. Давайте пройдёмся по местам, где в Ветхом Завете они встречали Мессию, обещавшего Своё пришествие.

ГЛАВА 2

ИИСУС ВЕТХОГО ЗАВЕТА

КОГДА ИИСУС РОДИЛСЯ У ДЕВЫ МАРИИ, Он не в первый раз оказался на планете Земля. Да, Он впервые родился в человеческом теле, но и раньше неоднократно встречался с людьми, появляясь в нашем мире.

Иисусу нравится общение. Он любит людей и Ему сложно удержаться от того, чтобы не заглянуть к кому-нибудь на огонёк. Иисус бывал здесь часто и всегда привлекал внимание.

Его посещения по большей части были вполне реальными, а не во снах, видениях, или в виде неких ангелоподобных сущностей. Иисус буквально заявлялся в мир в телесном образе. Он разговаривал, ел привычную человеческую пищу и открыто общался с людьми. Они видели Его лицо и продолжали жить.

Благодаря изумительным встречам с Иисусом, люди и узнали о Его замысле искупления. Иисус открывал им Свои планы на будущее. Именно такие встречи переворачивали человеческое мышление и подвигали их на жизнь верой.

Открытие тайны Его пришествия поднимало тех, кому Он открывался, на новый, сверхъестественный уровень существования. Они творили невозможное. Зная, что Мессия непременно придёт, они смели поставить на кон всё ради Божьей победы. Все земные ценности и приобретения меркли в свете грядущего Христа. Они хотели вписать своё имя в историю триумфа искупления. Именно такого рода сознание отчаянно требуется современной Церкви.

ЕВА ОЖИДАЛА ИИСУСА

Грехопадение Адама и Евы разбило Богу сердце, и Он был вынужден сделать то, чего вовсе не желал. Отцу пришлось покарать грех, изгнав Адама с Евой из райского сада. Это не была Его воля, но пришлось именно так и сделать.

Бог – не человек, и Он воспитывает Своих детей не так, как это делаем мы. В порыве раздражения (иногда детишки доводят нас до белого каления, правда?) мы чаще всего выпаливаем: «Иди отсюда! И не смей открывать рот!». Когда же мы расстраиваем Бога, Он начинает давать обещания и дарить надежду. Он не хочет отвратить от Себя ни одного человека, лишив всякой надежды.

Наш Бог не любит тупиковые ситуации и никогда не заводит человека в них. Некоторые пророчествуют так: «Бог накажет тебя за то-то и то-то. Аминь». Но если в пророческом слове нет и толики надежды и указания на выход из ситуации, это, вероятнее всего, не Божий глас.

Поэтому посреди ужасного положения Отец дарит Адаму и Еве надежду, озвучивая дивное обещание. Он предрекает наступление дня, когда человеческий род даст жизнь Сыну, Который явится в мир, чтобы всё исправить и обратить проклятие вспять, победив врага.

«И вражду положу между тобою и между женою, и между семенем твоим и между семенем её; оно будет поражать тебя в голову, а ты будешь жалить его в пяту» (Быт 3:15, СП).

Открытие тайны Его пришествия поднимало тех, кому Он открывался, на новый, сверхъестественный уровень существования.

Ева поверила слову от Господа и жила в ожидании Мессии. Она хотела исправить свою ошибку, которая погрузила всё мироздание в хаос.

Адам с Евой мгновенно ощутили тяжкие последствия необдуманного поступка, очутившись за пределами Господнего сада. Ничто теперь не давалось просто так, беззаботное существование осталось в прошлом. И только ожидание исполнения Божьего обещания стало их единственной надеждой на перемены.

Спустя какое-то время Ева забеременела и родила первенца. Она назвала его Каин; имя было со смыслом и означало «человек от Господа» (Быт 4:1).

Каин был «семенем» Евы. Она явно думала, что он и есть то самое семя, о котором сказал Бог. Вероятно, она думала примерно так: «Наконец-то мы вернёмся в сад. Этот мальчик всё исправит». Праматерь рода людского до конца не понимала, сколь ужасен был её грех. Ох, какая наивность!

Бог определил Адаму и Еве произвести потомство, сыновей и дочерей по образу Божьему. Но после грехопадения они могли рождать детей только по образу Адама. Очень скоро Ева уяснила, что Каин совсем не похож на семя, которое упомянул Бог. Это осознание вызвало у неё острое разочарование. Каин явно не отличался добротой и благоразумием. Несмотря на прекрасное значение имени, он и близко не приблизился к должному соответствию.

Родив второго сына, Ева назвала его Авель (Быт 4:2). Авель оказался хорошим человеком, несмотря на то, что его имя означает «тщета, никчёмность». Оно вероятно указывает на то, как Ева сильно разочаровалась в Каине и уже не верила, что второй сын может быть лучше.

Нарастающее осознание мимолётности и тщетности бытия напрочь омрачало жизнь. Вероятно, в голове у Евы вертелись мысли, схожие с выводами Екклесиаста. Всё теряло смысл.

Здесь необходимо отметить истину, которую приходилось усвоить столь непростым путём. В Ин 3:6 Иисус сказал: «От плоти рождается плоть, а Дух рождает дух». Иными словами, плоть не может родить Дух, а Дух не рождает плоть.

Примечательно, что Адам пропал из виду и как будто не участвовал в этих чрезвычайно важных и судьбоносных событиях (помимо непосредственного участия в зачатии сыновей).

Плоть не может родить Дух, а Дух не рождает плоть.

В древние времена, как правило, именно отцы давали имена детям. Это была отцовская прерогатива, коль скоро они считались главами семейств. Но в данном случае Святой Дух разворачивает историю человечества только через Еву.

Некоторые библеисты предполагают, что Адам прекратил приносить жертвы Господу, а то и вовсе отпал от веры. В конце концов, нося образ плоти, полную противоположность второму Адаму – Иисусу, Адам мог рассчитывать лишь на тление. Как на самом деле сложились обстоятельства, мы узнаем только в вечности.

Спустя какое-то время Ева родила третьего сына и назвала его Сифом (Быт 4:25). Его имя означает «предназначенная замена», что указывает на возрождение надежды. Полагаю, Ева наконец уразумела истину и возобновила упование на Господа.

Именно с Сифа началось родословие Иисуса. Мессии было уготовано произойти от этого человека. Начало генеалогии Христа от Сифа указывало на Его судьбу.

Верой Ева увидела невидимое. Она узрела Иисуса, Семя (Гал 3:16). Поначалу ей не терпелось приблизить день спасения посредством своих усилий и трудов. Но к тому времени, как родился Сиф, ей открылось, что истинное Семя может прийти только посредством Духа.

Ева получила откровение о Семени и уяснила, что оно явится в нужный момент истории, через род Сифа. Её вера отныне опиралась на Христа и была сосредоточена на пришествии Мессии.

АВРААМ ОЖИДАЛ ИИСУСА

Верой Авраам, когда *Бог* испытывал его, принёс Исаака в жертву. Ему было дано обещание, и он готов был принести в жертву своего единственного сына, и это невзирая на то, что Бог сказал ему: «Через Исаака ты будешь иметь семя, которое Я тебе обещал». *Авраам* считал, что Бог может даже воскрешать из мёртвых, и, образно говоря, Исаак был действительно возвращён ему из мёртвых.

> Верой Авраам, когда Бог испытывал его, принёс Исаака в жертву. Ему было дано обещание, и он готов был принести в жертву своего единственного сына, и это невзирая на то, что Бог сказал ему: «Через Исаака ты будешь иметь семя, которое Я тебе обещал». Авраам считал, что Бог может даже воскрешать из мёртвых, и, образно говоря, Исаак был действительно возвращён ему из мёртвых.
>
> **Послание евреям 11:17–19**

Процитированные стихи описывают истинную веру и включают в себя обещание прихода Мессии. У Авраама была подлинная вера, поскольку она опиралась на предвкушение обещанного Христа.

Авраам знал, что Христос родится от потомков его сына Исаака. В этом у него не было и тени сомнения. Именно поэтому Авраам не раздумывая отправился на гору, чтобы принести в жертву сына. Он был уверен, что Бог воскресит юного Исаака из мёртвых. Другого пути не было, поскольку обещания Божьи всегда верны.

Именно так, поскольку Бог дал обещание, а Слово Божье гласит: «Тот, Кто обещал нам – верен» (Евр 10:23).

Детали Авраама интересовали мало. Ему необходимо было знать одно: Бог дал слово, что Мессия придёт от Исаака. Всё остальное не имело значения.

Но когда это Бог рассказал Аврааму про Иисуса? Хорошо известно, что Он пообещал Аврааму огромное потомство, но я не припоминаю разговора о Том Самом. По крайней мере, сначала ничего не приходило мне в голову. Однако...

«Точно так же и с обещанием, данным Аврааму и его потомку. Заметьте, *что в Писании* не сказано «его семенам», а «его семени», то есть имеется в виду один его потомок – Христос» (Гал 3:16).

Потрясающе! Мы видим, что Бог сообщил Аврааму о Христе, или Мессии, за тысячи лет до самого рождения Иисуса. Мало того, это был очень конкретный разговор (а не какие-то размытые обещания!), который вызвал у Авраама восторг. С тех пор он захотел увидеть Его.

И это мы ещё не говорили о том, что Авраам встретился с Иисусом, когда Тот приходил вместе с двумя ангелами на пути к Содому и Гоморре: «Мужи повернулись и пошли к Содому, но Господь остался стоять перед Авраамом» (Быт 18:22).

В оригинале за словом «Господь» скрывается имя Яхве. Как любил повторять Джеймс Мэлони, «*Селах*!»

МОИСЕЙ ОЖИДАЛ ИИСУСА

Когда мы принимаемся читать о Моисее, всё становится ещё интереснее.

> Верой Моисей, став взрослым, отказался называться сыном дочери фараона. Он предпочел лучше быть притесняемым вместе с народом Божьим, чем наслаждаться кратковременными греховными удовольствиями. Он видел, какая награда ждет его впереди, и поэтому унижение ради Христа для него было ценнее богатств Египта.
>
> **Послание евреям 11:24–26**

Постойте-ка! Апостол Павел, мне казалось, ты был вундеркиндом, учился у ног самого Гамалиила. Если это правда, ты, наверное, был последним двоечником, потому как я тут прикинул, и кое-что не сходится.

Вера имеет твёрдую уверенность в будущем, ибо произрастает из Божьего Слова.

Моисей отделён от Иисуса примерно двумя тысячами лет. Как же Павел мог написать, что Моисей счёл унижение ради Христа некой ценностью? О каком Христе мы вообще здесь говорим? Иисусу ещё ждать и ждать до появления на земле, а Моисей ведёт себя так, будто Он уже здесь, живёт прямо сейчас. Это как вообще?!

Нельзя ли предположить, что Библия всё же остается истиной, и здесь нет никакого противоречия? Апостол Павел наверняка знал, что пишет.

Моисей видел Иисуса перед собой, находясь в земле Египетской. Именно это и подвигло его на принятие крайне трудного решения. Это дало ему силу справиться с величайшим искушением того времени – соблазн богатств и власти, которые сулил Египет.

«Верой он вышел из Египта, не боясь гнева царя. Он вытерпел всё, как человек, который видел бы перед собой Невидимого» (Евр 11:27).

Моисей не видел нечто невидимое. Он видел *кого-то* Невидимого. Это и был Иисус. В этом и заключается подлинная вера – видеть Невидимого. Не просто невидимое, а Невидимого.

Надежда не знает, что произойдёт в будущем, она просто надеется. Но вера имеет твёрдую уверенность в будущем, ибо произрастает из Божьего Слова. Почему так? Потому что Бог верен Своему слову. «Ведь слово Господне право и все дела Его верны» (Пс 32:4).

Моисей увидел Иисуса и понял Его план спасения. Это внушило ему такой заряд смелости и веры, что он стал величайшим вождём Израиля, приближая День Господень всеми своими силами и действиями.

ИАКОВ ОЖИДАЛ ИИСУСА

Иаков видел Иисуса и предсказал Его пришествие через своего сына Иуду.

> Скипетр не покинет Иуду, и *потомки* его всегда будут держать жезл правителя, пока не придёт Тот, Кому он принадлежит [букв. евр. Шило], Тот, Кому покорятся все народы. Он привяжет своего осла к виноградной лозе, своего осленка – к лучшей ветке; Он омоет одежды свои в вине, одеяние своё – в крови винограда. Глаза его будут темнее вина, зубы его – молока белее.
>
> **Бытие 49:10–12**

(Ниже я привожу комментарии на Книгу Бытия из перевода Библии «Пламенная любовь» [*The Passion Translation*].)[2]

В данное случае имя *Шило* приписывается Мессии. Он пришёл, чтобы взять принадлежащее ему по праву. Когда Иисус предстал перед Пилатом, народ Израиля передал власть правосудия чужеземцам (римлянам). Это был знак того, что пришёл *Шило* – Тот, Кому принадлежит жезл правителя. Он взял этот знак власти, чтобы править над всеми народами.

Когда Иаков повстречал Бога в пустыне и боролся с Ним, это был его последний поединок. Приходится признать, что Иаков бывал упрямым соперником. Он боролся за право рождения, но ту самую первую схватку проиграл. И вот он вновь бросился в бой той ночью, с Богом, и снова потерпел поражение.

Лексический корень, от которого происходит имя «Иаков», означает «борец». Здесь есть занимательная игра слов на древнееврейском языке между словами «он боролся» (*йе'абек*), «изнемочь» (*йаббок*) и «вытеснить» (*йаакоб*, или само имя «Иаков»).

Иакову пришлось проиграть, но нет ничего лучше, чем быть побеждённым Богом. Он был вынужден оставить прежнее мышление, чтобы в глубине своей сущности стать олицетворением Христа. Когда Бог наконец благословил Иакова, Он дал ему новое имя, «Израиль», что значит «князь Божий».

Продолжая читать Писание, можно заметить, что Библия то и дело употребляет то одно имя, то другое. Это всегда вызывало у меня недоумение.

Похоже, это означает, что Святой Дух называет его Иаковом, когда он ведёт себя по плоти. А когда он действует в согласии с Духом, Святой Дух именует его Израилем. При том все действия в Духе были верными шагами – своего рода подвижками к пришествию Христа.

ИОСИФ ОЖИДАЛ ИИСУСА

Иосиф безоговорочно верил в пришествие Мессии. Именно по этой причине он не захотел, чтобы его кости оставались в Египте, и потребовал, чтобы израильтяне, уходя от египетского угнетения, захватили их с собой. Верой он знал, что Христос непременно грядёт.

Жизнь Иосифа, пожалуй, больше всех остальных напоминает судьбу Иисуса:

- Иосиф был любимым сыном Иакова. Иисус – возлюбленный Божий Сын.
- Иосиф был брошен в яму. Иисус оказался в погребальном склепе.
- Иосифа продали за двадцать серебряных монет. Иисуса оценили чуть выше, и Он был предан за тридцать сребреников.
- Египет получил благословение благодаря Иосифу. В Иисусе мы все имеем благословения.
- Иосиф претерпел всевозможные испытания, и то же самое выпало на долю Иисуса.
- Иосиф простил братьев за их ужасное предательство. Иисус простил нам все наши грехи и преступления.
- Иосиф всегда прославлял Бога, точно так же, как Иисус всегда прославлял Отца.
- Иосиф был на время унижен и потом возвеличен. Так, первое пришествие Иисуса было Его уничижением, но второе пришествие будет несравненно славным.

- Иаков думал, что Иосиф мёртв. Те же самые мысли одолевали и учеников Иисуса.
- Иосиф зарыдал, когда увидел, что его братья не поверили в его прощение. Иисус плакал, видя неверие Израиля.
- Иосифу было тридцать лет, когда он поступил на службу к фараону. Иисус был тридцати лет, когда началось Его земное служение.
- Иосиф получил невесту от фараона. Иисус получит Невесту из рук Отца.

В жизнеописании Иосифа таятся поистине глубокие смыслы. Очень рекомендую исследовать его жизнь сквозь призму жизни Иисуса Христа.

МНОГИЕ ДРУГИЕ ОЖИДАЛИ ИИСУСА

Есть и многие другие персонажи Ветхого Завета, кто повстречал Мессию. Они поняли весть о последнем времени очень ясно, и в этом осознании были охвачены предельным желанием увидеть День Господень.

Авель увидел Иисуса верой. Он принёс Богу в жертву агнца (кровная жертва), выбрав лучшее животное из своего стада. Авель постиг тайну Божьего замысла. Любопытно заметить, что в допотопные времена овец не употребляли в пищу, а только использовали для жертвоприношений (Быт 1:29). Это объясняет, почему его жертва была столь угодной Богу – она символизировала то, что столетия спустя сделает Иисус.

Лучшим другом *Еноха* был Бог. Поэтому Бог и открыл ему глубочайшие тайны будущего. Енох был седьмым от Адама, пророком, который предсказал даже второе пришествие (Иуд 1:14–15). Древний пророк получил откровение о возвращении Христа.

У Еноха был сын по имени *Мафусал*, и его имя означает «когда умрёт, то будет послан», или «смерть его принесёт». Енох дал сыну пророческое имя, потому что в год смерти Мафусала Бог наслал на землю потоп. Енох ощущал, куда ведут грядущие дни, и это ощущение двигало им.

Есть очень веское объяснение, почему Мафусал стал самым долго живущим человеком на земле, прожив 969 лет. Пастор Алан ДиДио приходит к замечательному умозаключению, говоря, что во время тех долгих лет, Мафусал оставался живым знаменованием неминуемого суда, но благодаря Божьей милости и долготерпению, Он ждал до последнего, продлевая дни жизни Мафусала.[3] Бог не хотел, чтобы люди погибли, но никто так и не прислушался к вести о грядущем конце.

В родословии Сифа перед *Ноем* стоят девять имён, со следующими значениями: «человек», «назначенный», «смертность» «плач смерти», «слава Божья», «схождение», «его смерть принесёт», «могучий победитель» и «покой и утешение».[4]

Если выстроить эти имена в одно предложение, перед нами предстанет спрятанная тема родословия Адама: «Человеку предназначено умереть, и [уготован] плач смерти, но слава Божья [Иисус Христос] и его смерть принесет могучую победу [над грехом и смертью], чтобы дать нам покой и утешение».

Обещание пришествия Иисуса разбросано по страницам Ветхого Завета. Люди веры получили уведомление и стали мечтать о грядущем славном дне.

> Господь [Яхве] явился ему и сказал: «Не ходи в Египет; живи в земле, о которой Я скажу тебе... Умножу потомство твоё, как звёзды небесные, и дам потомству твоему все земли сии; благословятся в семени твоём все народы земные»[5].
>
> **Бытие 26:2, 4, СП**

Яхве явился *Исааку* и сказал о будущем Семени, в котором благословятся все народы земли. Это обозначение могло указывать только на одно – Иисуса Христа. Никакое другое благословение не может охватить весь мир, кроме вести об Иисусе Христе.

Гедеон видел Иисуса лицом к лицу. «Тогда Господь повернулся к нему и сказал: “Иди и спаси своей силой Израиль от руки Мадиана. Я Сам посылаю тебя”» (Суд 6:14). На иврите за словом «Господь» скрывается «Яхве». Это был не ангел, а сам Господь, который явился Гедеону, обратив жалкого трусишку в бесстрашного воина. Нечто подобное сделал Святой Дух с учениками Иисуса, превратив их в отважных победителей.

Ждал Иисуса и *Давид*. Он очень много писал о Мессии, предсказав распятие в мельчайших подробностях. Псалом 21 даже содержит фразы, которые Иисус скажет тысячу лет спустя, вися на кресте.

Седрах, *Мисах* и *Авденаго*, по всей видимости, остолбенели, увидев четвёртого человека, вошедшего в пламя к ним. Ага, это был Иисус. Да и сам царь Навуходоносор в шоке завопил: «Я вижу, как в огне ходят четверо, несвязанные и невредимые, и четвёртый похож на сына богов!» (Дан 3:25).

Царь *Соломон* тоже пересекался с Иисусом. Он писал пророческую поэзию в Книге Притчей. Многие воспринимают её как этакую инструкцию-шпаргалку с полезной информацией для успешной жизни, но на самом деле в ней кроется куда больше глубокой духовной истины. Это книга об Иисусе, раскрывающая, Каким он был до сотворения мира, что Он будет делать на земле и как умрёт за наши грехи. Всё это там есть.

«Идите, ешьте мою еду и пейте вино, которое я приправила. Оставьте невежество – и будете жить; ходите дорогой разума» (Притч 9:5–6). Здесь явно говорится о теле и крови Иисуса. «Иисус встал и громко возгласил: “Кто хочет пить, пусть приходит ко Мне и пьёт. Кто верит в Меня, как говорит Писание, у того из сердца потекут реки живой воды”» (Ин 7:37–38).

Вот мы и отследили некоторые случаи, в которых люди Ветхого Завета встречали Иисуса. Библия не расписывает подробно, что случалось с тем или иным персонажем при других подобных встречах, но апостол Павел упоминает имена Варака, Самсона, Иеффая, Самуила.

ИИСУС ПОДВОДИТ ИТОГ

Сам Иисус поясняет: «Я говорю вам, что много пророков и царей *хотели* увидеть то, что вы видите, но не увидели, хотели услышать то, что вы слышите, но не услышали» (Лк 10:24).

Пророки и цари древности знали Иисуса. Они понимали, каким благословением будет встреча с Ним для людей грядущих времён. В их сердцах тлела эта благочестивая зависть к поколению, которое увидит все дела Иисуса и услышит Его поучения. Каким-то образом они это очень чётко понимали. Процитированный стих гласит, что люди древности знали замысел спасения за века до того, как он непосредственно осуществился. Они точно знали, что именно произойдёт, и Кто его исполнит. Именно поэтому и жаждали увидеть это событие воочию.

Ветхозаветные верующие порывались увидеть Иисуса. Они тосковали о пришествии Того, Кто придёт и всё исправит – Того, Кто примирит людей с Богом. Движимые этим неизбывным желанием, люди минувших дней жили, не щадя своей жизни. Они жаждали лишь одного – Мессию.

Итак, мы узнали, что вера – это не просто знание об Иисусе. Подлинная вера – это полная уверенность в том, что Иисус вернётся. Апостол Павел убеждает, что именно такая вера может дать нам силы для победной жизни.

«Итак, нас окружает целое облако свидетелей! Поэтому давайте сбросим с себя всё, что мешает нам бежать, а также грех, легко запутывающий нас в свои сети, и будем терпеливо преодолевать отмеренную нам дистанцию» (Евр 12:1). Вот какая вера обеспечит готовность Церкви-Невесты. Это вера последнего времени, действующая перед взором тех, кто в прошлом верили в то же самое и не были постыжены. Если вы ожидаете возвращения Господа, знайте: нас много!

Допустим, мы здесь, на земле, не в большинстве, но это если не учитывать бесчисленное «облако свидетелей», которые ободряют нас с небесных высот. Люди веры из Ветхого Завета дали нам пример. Они показали, как жить верой, которая стойко ожидает Возлюбленного, сопроводив это предвкушение сверхъестественными доказательствами.

Иоанн Креститель, последний из пророков Ветхого Завета, сказал своим ученикам:

> Вы сами свидетели тому, что я говорил: «Я не Христос, но я послан, чтобы идти впереди Него». Невеста принадлежит жениху. Друг же жениха стоит рядом, слушает его радостный голос и сам радуется его счастью. В этом и моя радость, и сейчас она исполнилась».
>
> **Евангелие от Иоанна 3:28–29**

Жених вот-вот вернётся. Сначала Он приходил, чтобы обручиться с Невестой. «Для того мы и созданы Богом, давшим нам Своего Духа как залог» (2 Кор 5:5). Современный перевод «Пламенная любовь» (*The Passion Translation*) излагает этот стих так: «И чтобы удостоверить это обещание, Он дал нам Святого Духа, словно кольцо для помолвки в подтверждение намерений».

И вот Он возвращается, чтобы сочетаться с Невестой. Это станет развязкой драматичной и совершенно великолепной любовной истории, в которой мы окажемся непосредственными участниками.

ГЛАВА 3

РАННЕХРИСТИАНСКАЯ ЦЕРКОВЬ ОЖИДАЛА ИИСУСА

ДВИГАЯСЬ ПО РУСЛУ ИСТОРИИ, ведущей к рождению Иисуса, мы можем чувствовать, как чаяния о грядущем Мессии возрастают и крепнут. Вот уже минули столетия и даже тысячелетия. Четыреста лет, предшествующие рождению Христа, прошли в оглушающей тишине – этакое затишье перед бурей.

Отчаянное желание увидеть наконец обещанного Царя достигло пика во время безжалостного правления Римской империи. Если не сейчас, то когда? Положение дел только ухудшалось.

Вдобавок ко всему древние пророчества начинали принимать стройные очертания. Люди всё чаще заводили разговоры о Мессии, а слухи циркулировали всё шире. Пересуды и разнотолки о грядущем вскоре Мессии распространялись, как лесной пожар. Предвкушение прямо повисло в воздухе: ожидание, восторженная надежда. Это вот-вот должно было произойти.

Могу только представить обстановку в обществе тех дней. Разговоры о приближающемся приходе Помазанника невозможно было ни остановить, ни заглушить. Все занимались подсчётами годов, о которых гласили древние пророчества.

Всё это было известно царю Ироду. Знали об этом и волхвычужеземцы, явившись издалека в поисках новорождённого Царя. Книжники копались в свитках, стараясь выяснить место и точное время Его рождения. По всем прикидкам Мессия должен был уже прийти, Он должен был уже ходить среди людей.

Когда случилась резня в Вифлееме, все понимали, что за ней стоит. То был день, который трудно стереть из памяти. Мы не знаем всех подробностей, однако сменилось не одно поколение, прежде чем померкли воспоминания о страшной трагедии.

И вот перед нами пророчица Анна, которая, скорее всего, без умолку рассказывала о младенце, которого увидела несколько дней тому назад. Она признала Его своим чутким духом.

Старец Симеон прежде рассказывал всем, что не умрёт, пока своими глазами не увидит Мессию. А потом в самый обычный день его взгляд упал на этого младенца, и он Его тотчас признал. Симеон вознёс молитву благословения, объявив, что младенец и есть Христос.

Кто-то наверняка скептически воспринял это действо, но лишь до того, как несколько дней спустя старец не приложился наконец к отцам. Есть предания, согласно которым Симеон «произнес благословение и скончался»[6]. Возможно, он преставился в тот же самый день.

Но радостные слухи пошли в народ и распространились всего за несколько дней. Все затаили дыхание. «Услышав об этом, царь Ирод встревожился, а с ним и весь Иерусалим» (Мф 2:3).

Между тем, никто толком не знал семью Иисуса. Много шумихи и суеты в один день, а на следующий всё затихло.

ВРЕМЕННАЯ ПЕРЕДЫШКА

Столько ожидания, и снова тридцать лет безмолвия. Где же Он? В чём был смысл всего этого ажиотажа?

Не может быть, чтобы некоторые люди не высчитывали примерный возраст Мессии, взяв за точку отсчёта случившиеся события. Воображение так и рисует обывателей, которые судачат: «Да ему должно быть лет тринадцать к этому времени», или «Судя по тому, что случилось, Машиаху должно уже исполниться тридцать», или «Интересно, а не явит ли Он себя миру вскоре? Если собирается, то уже пора бы. Очень уж хочется освобождения», или «Эти римляне даже представить себе не могут, что на них надвигается».

И вот Иисус наконец открывает Себя людям. Отец и Святой Дух подтверждают Его притязания во время крещения. Иисус, единородный Сын Божий, Тот, по кому тосковало мироздание на протяжении тысячелетий, теперь ходит среди смертных. Совершенно удивительное время, когда можно было говорить с Сыном Божьим лицом к лицу, слышать, как Он произносит глубокомысленные истины, видеть, как Он творит поразительные чудеса и знамения.

Всё так и было. Долгожданный Мессия пришёл. Кусочки головоломки сложились в единую картинку, и теперь всё становилось понятно. Казалось, сказка стала былью – Сын Божий ходит среди смертных людей. Словно само Небо опустилось на землю. Если бы только так могло оставаться вечно.

Люди вероятно думали, что Иисус побродит немного по городам и сёлам, а потом всерьёз возьмётся за дело – примется свергать иго Римской империи. Но Иисус не стал продлевать время пребывания на земле. Всего три с половиной года в качестве непосредственного служения Спасителем. И на этом всё. Мессия исчез. Умер, восстал из мёртвых и... исчез.

Народ ждал Мессию тысячи лет, а Он пришёл и тут же пропал. Такой желанный и долгожданный, и всё же снова скрылся.

После короткой передышки мужи веры вернулись к прежнему режиму ожидания, снова принялись ждать. Но теперь все верные дожидаются не пришествия Христа, а Его возвращения – второго пришествия.

ПЕРВЫЕ ХРИСТИАНЕ ОЖИДАЛИ ИИСУСА

Раннехристианская Церковь не отбросила видение ветхозаветных героев веры. Они принялись терпеливо дожидаться возвращения Иисуса, взяв на себя миссию стойкого упования. Иисусу необходимо было на время удалиться, чтобы Его Невеста могла приготовиться.

Выше упоминалось, что каждый автор Нового Завета писал о втором пришествии Иисуса, и говорилось о том, как этот факт должен побуждать нас к чистой и праведной жизни. Ожидание вдохновляло Церковь к сверхъестественной жизни, очень похожей на хождение героев веры Ветхого Завета.

Например, апостол Павел был побит до смерти, но Святой Дух оживил его. Он встал и вернулся в город, чтобы продолжить проповедь – за которую его изначально избили. Кто-то скажет: «Павел, ну хватит уже. Ты сражался до крови. Теперь можно отдохнуть». Почему же апостол неуклонно шел вперёд?

Неугасимое желание распространять весть о Христе ценой здоровья и даже жизни было обусловлено тем, что апостол видел перед собой. Верой он видел Иисуса, чьё возвращение неустанно старался приблизить.

«Будем с вниманием относиться друг к другу, побуждая друг друга к любви и добрым делам. Не будем оставлять наших собраний, как это вошло у некоторых в привычку. Будем ободрять друг друга, особенно видя, что День *Господа* уже приближается» (Евр 10:24–25). Не будем тыкать пальцем в тех, кто заглядывает в церковь раз в месяц, но Павел здесь озвучивает серьёзную проблему. Его увещеванию о том, что верующим следует постоянно держаться вместе и творить добрые дела в любви, есть веская причина.

Делайте добро. Проявляйте любовь. Не забывайте собраний. Какой резон Павлу всем об этом напоминать? Всё дело в том, что День Господень стремительно приближается. Именно этот факт и формировал образ жизни первых христиан.

В наше время мы ходим в церковь ради чарующей или бодрящей музыки, чашки кофе и динамичного проповедника. Всё это, конечно, замечательно, но двигать нами должно осознание того, что Иисус скоро придёт.

Героями веры были даже наши близкие предки – отцы и деды, жившие при Советском Союзе. Они жаждали встречи с Иисусом. Это влекло их и помогало выстоять при жестоких гонениях, сохранив верность.

Дело вовсе не в человеческом упорстве. Когда верующих ссылали в Сибирь, лишая всего, они все годы изгнания лицезрели перед собой Иисуса. Им и в голову не приходило принять решение, которое бы воспрепятствовало их заветной мечте – остаться Невестой, готовой ко встрече Христа.

«Так и Христос один раз был принесен в жертву, чтобы искупить грехи многих людей, и Он придёт во второй раз, но уже не для того, *чтобы взять на Себя* грех, а чтобы спасти тех, кто ожидает Его» (Евр 9:28).

Каждый автор Нового Завета писал о втором пришествии Иисуса.

Некоторые богословы (например, Ирвинг Бакстер[7]) предполагают, что пять из семи труб из Книги Откровения уже прозвучали. Я знаком с признанными на международном уровне пасторами и проповедниками, которые убеждены, что Иисус вернётся в течение их жизни. Некоторым уже за шестьдесят. Это значит, что, по их мнению, Иисус придёт во второй раз в ближайшие двадцать-тридцать лет.

Я не стану утверждать, что такие богословы безоговорочно правы, но всё же это люди, которые исследовали Писание большую часть своей жизни, и не будет лишним к ним прислушаться.

«Я обручил вас с единственным Мужем – Христом, чтобы вы предстали перед Ним как невинная невеста» (2 Кор 11:2). Раннехристианская Церковь имела ясное и чёткое понимание: необходимо оставаться чистой, непорочной Невестой. Это желание было той силой, которая побуждала их щедро жертвовать, посвящать себя труду, стойко переносить тяготы и жить самоотверженно. Она влекла их на собрания, заставляла молиться, поститься и ходатайствовать друг за друга. Они делали всё, что могли, чтобы оставаться Невестой, готовой к приходу Жениха, и, если случались какие-то оплошности или недоразумения (как это бывало с ветхозаветными святыми), Бог посылал апостолов и пророков исправить их.

Имея перед глазами примеры героев веры из Ветхого и Нового Заветов, можно отчётливо увидеть, что весть о последнем времени должна быть основополагающей для каждого верующего в отдельности и для Церкви в целом. Она должна стать нашей неуёмной страстью. Так уж мы призваны жить, согласно библейским стандартам.

Только призыв последнего времени может подготовить Невесту, тогда как всё остальное ведёт к самодовольному благодушию. Кто же эта Невеста? Мудрый Соломон задаётся похожим вопросом (в котором проглядывает и ответ): «Кто это восходит от пустыни, прижавшись к своему возлюбленному?» (Песн 8:5). Как я могу быть готовым в качестве Невесты? Является ли каждый верующий автоматически частью Невесты? Познакомьтесь: Невеста Христова.

ГЛАВА 4

НЕВЕСТА ОЖИДАЕТ ИИСУСА

ЗНАКОМСТВО С НЕВЕСТОЙ

Я СОБИРАЮСЬ КАК СЛЕДУЕТ ПОРАЗМЫСЛИТЬ и поглубже вникнуть в Книгу Притчей, чтобы в итоге составить портрет верующего, с которым Иисус будет рад сочетаться брачным союзом. Притчи 31 – это портрет настоящей, идеальной невесты. В каждом слове этой невероятной поэмы сияет её красота.

Тридцать первая глава Притчей вышла из-под пера царя Лемуила, который записал наставления матери. Считается, что имя автора– псевдоним самого Соломона. А это значит, что мы читаем слова царицы Вирсавии.

Вирсавия начинает с того, что призывает сына сохранять чистоту и держаться подальше от распутных женщин. Вдобавок, она упоминает, что царям не пристало увлекаться алкоголем. Более того, она настоятельно рекомендует не жаждать его (Притч 31:4) – носителям царского величия не пристало такое поведение. Здесь уместно напомнить всем верующим, что мы – цари и священники в Божьем Царстве (Откр 5:10).

Начиная со стиха 10 и до конца книги, Лемуил излагает слова матери о неподражаемой невесте. Вся Книга Притчей целиком написана в поэтической форме, но заключительная поэма и вовсе уникальна.

Притч 31:10–31 состоит из 22 строф, каждая из которых начинается с букв, расположенных в алфавитном порядке еврейского языка[8]. Такая форма подразумевает, что благочестивая жена исчерпывает весь язык. У неё столь прекрасный и великолепный характер, что для её описания требуется весь словарный запас – от «А» до «Я» (точнее сказать, от *алеф* до *тав*). Она идеальна.

Невеста столь прекрасна и великолепна, что для её описания требуется весь словарный запас.

Лично у меня последняя глава Книги Притчей вызывает ощущение, что перед нами идеальная жена, и такое описание представляет её мужа самым ленивым человеком, которому сказочно повезло.

Могу вообразить, как эта поэма может вдохновить любую жену, но способна ли хоть одна женщина достичь столь высоких стандартов? Человеческими усилиями этого явно не добиться. Жёны и так бывают чересчур строги к себе. Очень часто они без напоминания несут огромный груз ответственности на своих плечах: домашний уют, приготовление пищи, воспитание детей, их школьное образование; кому-то приходится тащить и мужей вдобавок ко всему прочему.

Так вот, поэма по сути гласит, что эта женщина практически не спит, обо всех заботится, готовит еду, занимается бизнесом, помогает бедным и одевает всё своё семейство. Только представьте, что делает всё это время её муж. Сидит у городских ворот. Ох, хотел бы я быть им!

На самом деле, так бывает и с нынешними мужьями. У меня есть приятель, отец которого в шестьдесят шесть лет режется в компьютерные игры. Видимо, у него очень хорошая жена, если он может бездельничать, и при этом не умирать с голоду.

Я однажды сказал своей жене, что нет людей идеальных, и ей следовало бы принять и полюбить свои недостатки. Она согласилась, подошла и любовно обняла меня. (Надеюсь, вы понимающе улыбнулись!)

Если честно, моя суженая предельно приблизилась к идеалу жены. Пока я более четырёх лет сильно болел, она тащила меня и всю нашу семью самостоятельно.

Страдая от хронических болей в спине, я по большей части мог только сидеть или лежать. Проблемы со спиной были у меня всю жизнь, сколько себя помню, но моё состояние ухудшилось, и я оказался, как выразился врач, «на пару сантиметров от полной инвалидности». Но, благодарение Богу, ранами Иисуса я получил сверхъестественное исцеление.

Между тем, до того, как случилось чудо, моя жена самостоятельно занималась нашими детьми (их четверо, если хотите знать). Особенно тяжело было по ночам, поскольку все наши малыши плохо спали. С прибытием нашего четвёртого ребёнка, Наталье в течение целого года не удавалось поспать хотя бы одну ночь напролёт, а я не мог ничем помочь из-за нестерпимой боли, которая истязала меня во время таких же бессонных ночей.

Да и сегодня я бы никогда не смог делать то, что делаю, без её участия. Спустя одиннадцать лет совместной жизни, я могу лишь сказать, что без неё я никогда не стал бы нынешним собой. Многие откровения были получены благодаря нашим беседам о Боге и Писании. Мы так хорошо дополняем друг друга, потому что она переполнена мудростью и безоговорочной любовью к Слову Божьему. (Но я отвлёкся.)

Тогда как одни считают, что поэма в Притч 31 повествует о благочестивой жене, другие настаивают, что в более глубоком смысле мы имеем дело с портретом Церкви. Я предлагаю разобраться, как эти строки описывают Невесту Христову. Жених, понятное дело, Иисус, а эта лучезарная женщина из поэмы – Его Невеста.

Вы спросите: «В чём же заключается разница между Церковью и Невестой? Разве это не одно и то же? Неужели можно попасть на небеса, не будучи Невестой?»

Я собираюсь озвучить утверждение, которое совсем не по нраву духу религии, и он его усиленно отвергает. Дьявол ненавидит эту мысль. Не верите? Попробуйте проповедовать на эту тему. Поделитесь этой идеей у себя в церкви и посмотрите, что за этим последует.

На память мне приходит свидетельство моего деда, Адама Грицкевича. Он многократно бывал восхищен на небеса. Однажды его тело лежало девять часов без признаков жизни, пока он находился в небесных обителях. Потом он очнулся в полном здравии и рассказывал о своих приключениях.

Мой дедушка был пастором и пророком, и своей церкви (особенно близким и родным) он постоянно твердил: «Очень хорошо быть спасённым. Но, дети мои, старайтесь стать частью Его Невесты. Это совсем другой уровень славы».

За свои речи мой дед терпел гонения от религиозных предводителей. Они приходили в ярость, говоря, как может он учить, что Церковь не является Невестой Христа. А между тем Библия совершенно ясно проводит такое различие.

Дочь деда, моя мама, не даёт этому огню угаснуть, всё время напоминая своим девятерым детям о необходимости неустанно работать над близкими отношениями с Иисусом ради того, чтобы оставаться Невестой.

Невеста Христа – это особая часть Церкви. Я бы хотел раскрыть смысл этой идеи, чтобы дать вам более широкий угол зрения на жизнь, поставить куда более высокие цели. Люди становятся христианами, входя в дверь, которая есть Иисус Христос. Но так часто, обретя спасение, они ходят в полном неведении, что делать дальше.

Есть ли что-то, помимо воскресных богослужений? Получается, нужно просто почитывать Писание и прилично себя вести? На что мне теперь нацелиться? Ответ таков: есть более высокое предназначение. Есть не просто спасение от озера огненного. Бог предлагает более тесные отношения, зовёт в интимный союз. Для этого нужно стать Невестой Его Сына.

ОБРАЗ НЕВЕСТЫ

Что ж, попытаемся прочесть упомянутую поэму в новом свете. (Большая часть комментариев взята из перевода «Пламенная любовь».) Итак, Книга Притчей 31:10–31:

10. Хорошая жена – кто её найдёт? Камней драгоценных она дороже.

Идея «хорошей» жены на древнееврейском передается словом *хайиль*. Оно часто используется в связи с воинской доблестью и может переводиться, как *могучий*, *богатый*, *отличный* или *справедливый*. Речь идёт о воинственно настроенной жене. Она бесценна, потому что куплена Кровью Агнца, её Жениха.

11. Всем сердцем верит ей муж, с ней он не будет в убытке.

Жених всецело доверяет ей. О ревности или подозрительности не может быть и речи.

12. Она приносит ему добро, а не зло во все дни своей жизни.

Она, в свою очередь, озабочена тем, чтобы Он был в чести, а не в поругании. Иисус не стыдится Невесты, потому что её верность постоянна, а не проявляется лишь время от времени.

13. Она выбирает шерсть и лен и охотно трудится своими руками.

Шерсть служит метафорой чистоты. Лён образно говорит о праведности. Напомним, что священники носили льняные ризы, завесы скинии собрания тоже были изготовлены из льняной ткани. Невеста Христа стремится к чистоте и праведности.

Руки (пальцы на руках) говорят о пяти служениях, дарованных Церкви Христом: апостолы, пророки, евангелисты, пасторы и учители. Она радуется, укрепляя и снаряжая других на служение.

14. Она подобна купеческим кораблям – издалека добывает свой хлеб.

Невеста добывает духовную пищу, манну небесную, из глубин откровений Духа. В Мф 13:45 Иисус предстает перед нами в образе купца, который отдал всё, чтобы купить драгоценную «жемчужину», за образом которой скрывается верующий человек.

15. Затемно она встаёт, готовит пищу своей семье и *даёт* служанкам их порцию еды.

На протяжении ночи она ходатайствует за других людей. Невеста Иисуса встаёт рано, чтобы накормить народ Божий. Служанки олицетворяют другие церкви и служения.

16. Присматривает поле и покупает его; на заработанное ею насаждает виноградник.

Покупка поля отражает притчу Иисуса, записанную в Мф 13:44–46. Виноградник – это метафора поместной общины. Мы все – ветви виноградной лозы (Иисус; см. Ин 15).

17. С жаром принимается за работу, её руки крепки для её трудов.

Она помазана силой Святого Духа.

18. Она понимает, что торговля её доходна; не гаснет ночью её светильник.

Труд для Господа доставляет ей удовлетворение. Она не бросает работу, даже когда солнце уходит за горизонт. Светильник говорит о молитвенном усердии. Она побеждает даже в условиях мрака окружающей культуры.

19. Руки свои на прялку кладёт, пальцы её держат веретено.

Её дело процветает, и оттого она способна щедро помогать бедным. Сама же она облачена в одежды праведности (Кол 3:12).

20. Для бедняка она открывает ладонь и протягивает руки нуждающимся.

Руки Невесты часто упоминаются в поэме, снова и снова указывая на служение Иисуса через Церковь.

21. В снег не боится за свою семью: вся её семья одевается в алые *одежды*.

Снег может символизировать трудности и тяготы. Алые одежды напоминают о том, что её родных покрывает Кровь Иисуса.

22. Она делает покрывала для своей постели, одевается в тонкий лён и пурпур.

Эти слова говорят о Теле Христа, которое представляется единым, сотканным и неразрывно сшитым воедино.

23. Мужа её уважают у *городских* ворот – со старейшинами страны место его.

В древности городские ворота служили местом для правовых разбирательств, своеобразным залом суда. Жених, таким образом, предстаёт здесь досточтимым судьёй.

24. Она делает льняные одежды и продает их и поставляет купцам пояса.

В очередной раз выделяется её труд, дела праведности. Перед нами очень деловитая женщина.

25. Одевается силою и достоинством и весело смотрит она в завтрашний день.

Последнюю фразу можно перевести как «она со смехом встречает дни грядущие». Она не испытывает страха перед будущим, поскольку целиком и полностью настроена на вечность, когда она сочетается с Женихом.

26. Она говорит с мудростью, и доброе наставление на её языке.

В своих речах она милосердна, но бескомпромиссна. Ей хорошо знакомы Божьи пути.

27. Она смотрит за делами своей семьи, хлеб безделья она не ест.

Она присматривает за всем своим семейством. При этом окружающая культура не увлекает её, и она не тратит время понапрасну.

28. Её дети встают и благословенной её зовут, также муж – и хвалит её:

Героиня поэмы явно не бездетная женщина. Истинная Церковь Христа прирастает спасёнными, а верующие духовно растут в любви к Иисусу. (Чтобы понять, как расхваливает её муж, нужно обратиться к Песне песней.)

29. «Много есть хороших жён, но ты превзошла их всех».

Предыдущие поколения истинных верующих были хороши, но Церковь последних дней отличается несравненно большей славой.

30. Прелесть обманчива и красота мимолётна, но женщина, что боится Господа, достойна хвалы.

Она увлечена не внешними атрибутами или плотскими желаниями, а целиком и полностью сосредоточена на преданной любви к Господу.

31. Дайте ей награду, которую она заслужила, пусть дела её славят её у *городских* ворот.

Она получит награду за непревзойдённый характер, выраженный плодами Духа. На брачном пире, время которого стремительно приближается, она будет в центре внимания. Там она получит вознаграждение за все свои праведные труды.

НЕ КАЖДЫЙ ВЕРУЮЩИЙ ВХОДИТ В ЧИСЛО НЕВЕСТЫ

Мы рассмотрели полное описание Невесты Христовой. Вы понимаете, что не все верующие и церковные общины вписываются в эту картину? Жизнь Невесты требует посвящения совсем иного уровня.

Не вся Церковь – Невеста Христова.

Христианство, которое появляется в церкви пару раз на год, не подходит под это описание. Среднестатистический христианин, приходящий в церковь по воскресеньям, не вписывается в строгие стандарты. Простое повторение молитвы кающегося грешника не достигает цели. Периодическое заглядывание в Библию и десятиминутная молитва едва ли свидетельствуют о влюблённости Невесты.

Мы говорим о верующем человеке, чьи любовь и преданность Иисусу безграничны.

Невеста Христа находится в центре внимания Иисуса, и на верх лежит ответственность – быть готовой. На что только не идут современные невесты, готовясь к свадебной церемонии. Они примеряют разные платья, пробуют разные причёски и макияж. Накануне дня бракосочетания они практически не спят. Подружки начинают готовить их в четыре часа утра. Они даже не едят, рискуя тем, что позже их животик подаст голос.

Жизнь Невесты требует посвящения совсем иного уровня.

Пока невеста прихорашивается, никто не позволит жениху войти в дом до тех пор, пока она не будет готова блистать во всей своей красоте. Нет на земле такой культуры, в которой бы жених занимался подготовкой невесты. Он даже не видит её до тех пор, пока она не приготовит себя. Получается, каждый из нас должен заняться этим делом. Нам необходимо подготовиться, чтобы представить себя Иисусу.

Можно рассмотреть параллель в рассказе об Есфири, которая не могла войти в царские покои, пока не была должным образом подготовлена. Это заняло у неё прилично много времени. Первые шесть месяцев она пропитывала тело мирровым маслом, а вторая половина года ушла на всевозможные ароматные притирания – всё ради того, чтобы украсить себя (Есф 2).

Нынче же, собираясь войти в присутствие Царя царей, мы молимся: «Прими меня таким, как есть!» Не поймите неправильно: когда мы в первый раз обращаемся к Богу, такая молитва совершенно уместна. Но нельзя же вечно оставаться прежним «таким, как есть».

Первая духовная баня предназначена для того, чтобы отмыть дурно пахнущую мерзость. Но не нужно на этом останавливаться. Необходимо купаться в Слове и присутствии Божьем, чтобы очистить и украсить себя до готовности невесты. «...как Христос полюбил Свою Церковь. Он Самого Себя отдал за неё, чтобы сделать её святой, очистив её водным омовением через слово» (Еф 5:25–26).

Церковь состоит из всех тех, кто принимает господство и спасительный подвиг Христа. Любой, кто провозглашает Иисуса Господом, становится частью Церкви. Однако Невеста состоит в более близких отношениях с Женихом, её посвящение выходит на новый уровень.

Она не только принимает праведность Христову, но и отдаёт нечто взамен. Можно получить спасение, несмотря на то, что ты остаёшься эгоцентричным, себялюбивым человеком. Можно прикарманить все «вкусняшки», которые дарит Иисус: прощение, праведность, святость. Можно ходить по плоти и всё же, как знать, попасть на небеса. Однако для того чтобы быть Невестой, требуется нечто иное.

Можно прийти таким, как есть, но нельзя же вечно оставаться прежним.

Кто-то из читателей (особенно мужского пола) может внутренне поёжиться: «Как это выйти замуж за Иисуса? Я мужик, и Он мужик. Тут девчонкам как-то попроще». Один из моих друзей как-то выпалил: «Мы поём слишком много девчачьих песенок в церкви. Все они о любви, объятьях и поцелуях».

Понимаю, что на простом языке это звучит не очень понятно, но мне очень приятно представлять Его любовь – вплоть до стаи бабочек у меня в животе. Я не против, если аналогия окрашена в женственные тона, и Писание называет меня Невестой. Святому Духу это нравится, так что и я не стану обижаться. Я хочу купаться в Его любви.

Видите ли, когда Енох ходил с Богом, а потом Бог забрал его к Себе, буквальное значение этой фразы – «Бог взял его» – отражено еврейским словом *лакач*, что можно перевести как «Бог сочетался с ним». Теми же словами описывали бракосочетание, а то даже и супружеское соитие мужчины и его невесты. Красота какая!

Господи, возьми меня так, как взял Еноха. Я хочу столь же близко, интимно общаться с Тобой.

В своё время Бог дал Адаму невесту, взяв её из его бока. Бок Иисуса был пронзен (Ин 19:34), чтобы мы могли присоединиться к Нему, став Его Невестой. И это абсолютно реально, если мы останемся рядом с Ним – примерно так, как Иоанн, который часто возлежал на груди Иисуса, нежась в Его любви (Ин 13:23). И ему вовсе не было стыдно – скорее, он гордился тем, что мог покоиться в объятиях Иисуса, потому что он неоднократно этим хвалился.

В книге *Дамы золота* Джеймс Мэлони цитирует записи женщин-молитвениц, которые посвятили себя тому, чтобы каждую ночь ходатайствовать за других в течение пятидесяти с лишним лет. «В день её коронации будет удивительно созерцать среди избранных некоторых чрезвычайно неприметных и непритязательных святых – тех, кто пребывал в безвестности и не был воспет людьми, но они хорошо известны Царю и всему небесному двору!»[9].

ХОЧУ ЗАМУЖ!

Иисус воссядет на престоле, а рядом с Ним будет Его царица – Невеста, которая становится Его женой. Можно только воображать, что будет дальше.

Мысль о вечности изумляет меня. Библия говорит, что Бог творит всё новое, и я могу лишь дать волю фантазии, представляя, какие последствия будут сопровождать этот супружеский союз. Как знать, может, новая жизнь, новые миры, новые рубежи. В настоящее время это остается невыразимой и невообразимой тайной.

Можно оправдать любое огорчение или обиду, но это никак не поможет вам в вечности.

Супруга Царя Иисуса наверняка будет творить всё новое вместе с Ним. Вечность подразумевает перспективы куда более восхитительные, чем банальное избежание ада или попадание на небеса.

Но давайте пока спустимся на землю, потому что приходится признавать, что не всякий верующий подходит под описание, которое вы прочитали. Не каждый верующий живёт соответственно. Вот почему я хочу вдохновить вас искать большего, устремляться выше, читать дальше.

Господь пообещал лаодикийским верующим: «Побеждающему Я дам *право* сесть со Мной на Моем престоле, как и Я Сам победил и сел с Моим Отцом на Его престоле» (Откр 3:21).

Невесту Христа несложно найти в толпе. Она выделяется победным образом жизни. Прирожденная победительница, она ходит в свете, пребывает в Духе. В ней нет места горечи или поражению. Она живет в согласии с волей Божьей, даже если люди презирают и ненавидят её.

Я хочу удостоиться такого призвания. Такая у меня цель в жизни. Если для её достижения потребуется жить попроще, пусть так и будет. Я хочу стремиться к ней, если для этого понадобится быть более щедрым. Я хочу быть готовым прощать, случись мне оказаться обиженным. Если придётся переехать в другое место, чтобы в послушании Богу сделать что-то радикальное, я хочу быть готовым сказать «да».

Я не собираюсь больше угождать человеку. Многим хочется получать одобрение толпы, и это прямым образом влияет на их проповедь или иное служение. Но у меня есть только одна личность, которой я хочу угодить – мой Жених. Разумеется, я далёк от идеала, но я стремлюсь именно к такому образу жизни, и нет у меня более важных желаний.

Позвольте мне спросить: что за дела праведности, которых Иисус от нас ждёт? Какие дела неправедности вам необходимо отбросить незамедлительно?

Пора оставить позади нездоровую зависть. Ничего страшного, если ваш сосед живёт чуть лучше. Ну и пусть у него дом поприличнее и более «навороченный» автомобиль. Вас это не должно волновать.

Когда люди обижают или оскорбляют вас, вы их прощаете. Вы предпочитаете *без-обидную* жизнь. Можно оправдать любое огорчение или обиду, но это никак не поможет вам в вечности. Избавляйтесь от неё, пока не поздно – во имя собственного же блага!

«Давайте радоваться и веселиться! Воздадим Ему славу! Наступил час бракосочетания Ягненка! Его невеста уже приготовила себя!» (Откр 19:7).

Удивительное обещание. Настанет время, когда остаток Церкви приготовится. Это будет совсем не просто, потому что именно к нему враг питает особую ненависть. Но это будут люди, которые прилежно ждут явления Сына, при этом усердно исполняя наибольшую заповедь посредством дел праведности.

«Дракон пришёл в ярость из-за женщины и пошёл войной на остальных её детей – тех, кто соблюдает повеления Божьи и несёт людям свидетельство Иисуса» (Откр 12:17).

Верный остаток Церкви поднимается, и я собираюсь быть в числе верных. С помощью Духа Святого я хочу жить согласно стандартам, изложенным в Притч 31. Оглядываясь на эту чарующую поэму, я хочу, чтобы Иисус доверил мне Свою репутацию. Я хочу не стыдиться Его, а напротив – неустанно говорить о Нём.

Вспоминаю, как, будучи ещё студентом, рассказывал своим сокурсникам о миссионерских поездках, делился воспоминаниями о том, как происходили невероятные чудеса – слепые начинали видеть, хромоногие бросались в пляс. Однокашники лишь глазели на меня – им такие рассказы были в диковинку.

Вечером я получил электронное письмо от сокурсницы. Она восторженно писала, как её удивило, что я смело делился вестью об Иисусе. Ниже она добавила: «Я тоже христианка». Тут пришло моё время удивляться. Да неужели?! Мы учились вместе почти два года, а я до сих пор не догадывался, что она верующая. И сказать об этом она осмелилась только посредством электронной почты.

Невеста Христова выделяется. Любой человек сразу же вычислит её на рабочем месте, в учебном заведении, в спортивной секции.

Я хочу провозглашать Его имя так, как это делает жена в известной поэме. Я хочу быть чистым и непорочным, каковой она предстает перед взором читателя. Я хочу быть усердным, приносить много плода. Мне бы хотелось иметь репутацию человека, который ходатайствует за других в молитве.

Одно дело – наслаждаться Его присутствием в молитве. Совсем другое – стоять в проломе за немощных в ходатайственной молитве. Есть ли в вашей жизни люди, за которых вы сражаетесь в своей молитвенной комнате?

Я стремлюсь быть смелым и никогда не поддаваться страху, весело смотреть в будущее. А между тем многие христиане преисполнены тревоги, задумываясь о днях, лежащих впереди.

Помню, я однажды посещал церковь, и дьякон вышел для короткого выступления перед сбором пожертвований. Рассказывая, как всё плохо, он даже прослезился. Экономическая ситуация не давала развиваться его бизнесу. Он только терял деньги. Все его знакомые паниковали. Страшный кризис был в самом разгаре. А потом он призвал служителей собрать десятины и пожертвования. Пожалуй, это была худшая проповедь перед сбором пожертвований на моей памяти. Можно только представить, сколько они собрали в тот воскресный день.

Когда вы – Невеста Христа, вам остаётся только смеяться перед лицом будущего. Нет нужды жить в страхе, потому что мы живём верой. Это не так-то просто, и придётся усвоить не один урок, прежде чем научишься постоянно пребывать в вере. Но это вполне возможно, если бодрствовать и сохранять ясный ум.

Я хочу, чтобы Бог творил могущественные деяния и чудеса через меня для Своей славы, как об этом говорится в упомянутой поэме.

Надеюсь, вы уже убедились, что не вся Церковь, не все верующие подходят под описание Невесты. Оно относится к остатку верующих людей, которые ведут исключительно возвышенную духовную жизнь. Пусть это осознание вызовет у вас непреодолимое желание стать Невестой, если вы ещё не там. Сегодня для каждого из нас звучит такой призыв.

> Хотя и есть шестьдесят цариц и восемьдесят наложниц, и девушек без числа, но для меня существует только одна – голубка моя, чистая моя, особенная дочь у матери своей,

> любимица той, что её родила. Увидели её девушки и назвали благословенной, восхвалили её даже царицы и наложницы.
>
> **Песнь песней 6:8–9**

В таком кругу и я хочу оказаться. Молюсь о том, чтобы Господь помог нам вдохновиться и активно действовать в этом направлении. Готовы ли вы принять вызов и устремиться к жизни иного толка? Примете ли вы решение перестать быть простым прихожанином с приличными нравственными устоями? Осмелитесь ли взыскать Иисуса так, чтобы Он стал единственным желанием вашего сердца? Давайте делать это вместе в компании людей, которые не станут довольствоваться чем попало до тех пор, пока не сочетаются с Женихом.

> Для того мы и созданы Богом, давшим нам Своего Духа как залог. Поэтому мы всегда спокойны, даже зная, что пока мы находимся в своем земном теле, мы удалены от Господа.
>
> **Второе послание коринфянам 5:5–6**

Жених любит вас и хочет быть с вами. Ответьте «да» на Его предложение, и вы никогда об этом не пожалеете. Скажите «да», как это сделали мужи веры и раннехристианская Церковь. Нам всем приходится томиться в плоти, ожидая Его прихода, но у нас есть полнота силы и смелости побеждать искушения и нападки врага. Вы будете готовы и достойны высокого звания Невесты Христовой.

ГЛАВА 5

ОЖИДАЕТ ЛИ ИИСУСА СОВРЕМЕННАЯ ЦЕРКОВЬ?

СВИДАНИЯ С ИИСУСОМ

В ТОЙ ЖЕ МАНЕРЕ, ЧТО ИИСУС ФИЗИЧЕСКИ ПРИХОДИЛ на землю во времена Ветхого Завета, Он до сих пор так делает. Ничто не мешает Ему бывать среди людей. Есть бесчисленные свидетельства очевидцев Его явлений. В наши дни это особенно часто случается в мусульманских странах.

Мой дедушка, Адам Грицкевич, был пастором и пророком в Беларуси. Он нёс служение пастора в 1980-х до своей смерти в 1992 году. Беларусь в те времена находилась под коммунистическим режимом, который безжалостно преследовал христиан. Библий было мало, и любая христианская литература была под запретом.

На протяжении тех очень непростых лет Иисус лично являлся моему дедушке. Дед Адам вставал с первыми лучами солнца и шёл в поле, чтобы накосить травы для скота. Иисус часто приходил в физическом облике и часами беседовал с ним, наставляя его в делах церковных.

Позже, проходя мимо тех мест со своими детьми (моя мама – одна из них), дед говорил: «Это место святое. Вон на том камне сидел Иисус». Бывая в деревне Дубица, где и я рос, я хожу в те места и пытаюсь вообразить, как это могло выглядеть. Каково это – встретиться с Иисусом лично, ходя по земле?!

Когда мне было семь лет, в 1996 году, у меня была возможность встретиться с Иисусом лицом к лицу. Моя мама носила под сердцем девочку, но в ночь перед рождением у неё случилось сильное внутреннее кровотечение, спровоцированное халатным поведением врача. Моя сестричка умерла, а вместе с ней и мама. Эта новость сразила нас всех наповал. Я помню многочисленных родственников – дядей и тёток, – которые собрались у нас дома и рыдали, не в силах сдержаться.

Пока все горевали, я отправился наверх, упал на колени и помолился – как это могло получиться у семилетнего мальчика. Я попросил Господа спасти мою маму. В тот момент я испытывал такую невыразимую тоску по ней, что до сих пор помню отголоски того чувства. Её не было дома какое-то время, и я не мог вообразить, каково это – больше не увидеть маму. Она всегда внушала чувство безопасности.

Молясь, я вдруг почувствовал сзади у себя на плече руку и услышал голос: «С мамой всё будет хорошо!» Я ощущал теплоту ладони, слышал голос, хотя сейчас не могу точно сказать, был ли это такой голос, как если бы я беседовал с реальным человеком. Но точно могу сказать, что услышал его совершенно явственно.

Это не была фраза, которая родилась у меня в мозгу под воздействием стресса. Я точно слышал те слова. В тот же момент всё во мне вдруг переменилось. Печаль обратилась в радость. Мне вдруг показалось, что ничего страшного не происходило. Совершенно необъяснимое ощущение, но оно заполонило меня.

Я спустился на первый этаж. Все продолжали рыдать, но я попытался убедить их: «Перестаньте плакать! Иисус сказал мне, что с мамой всё хорошо. Да перестаньте же вы плакать!». Родственники удивлялись тому, как поменялось моё настроение. А я тем временем продолжал повторять слова, которые не укладывались у них в голове.

Моя мама и вправду умерла. Это подтвердил врач, который проводил осмотр. Медсёстры переложили тело на каталку, накрыли простыней и выкатили её в коридор. По правилам следовало подождать два часа, прежде чем везти труп в морг. Спустя два часа они проверили тело мамы, и заметили, что у неё дёргается веко – явный признак жизнедеятельности.

Они быстренько затолкали каталку в палату и начали проводить реанимационные действия, после чего мама очнулась. Она потеряла много крови, но могла дышать. Несколько недель спустя, во время очередной проверки, врач признался маме: «Я давно работаю и позвольте мне сказать вам: никто не возвращается оттуда, где были вы». Под конец приёма он задержался и повторил: «Я вам точно говорю: при таком раскладе никто не возвращается».

Кстати, уже здесь, в Америке, занимаясь лечением брюшной области, врачи наткнулись на нитки почти тридцатилетней давности, небрежно стягивающие внутренние повреждения. Они до сих пор не растворились (да и не могли, поскольку маму зашивали как мёртвого человека и пользовались соответствующими материалами). Местные врачи были в шоке, обнаружив такое.

Так вот, через несколько недель после тех ужасающих событий мама наконец-то вернулась домой. Я был вне себя от счастья. Иисус сдержал данное слово, и я был в экстазе.

Возвращаясь домой из школы на следующий день, я скакал и прыгал от радости посреди пустой улицы. Автомобили были редким явлением на сельских улицах в 90-х. Я вприпрыжку спешил домой, потому что не мог дождаться встречи с мамой.

И вдруг рядом со мной возник человек. Это был Иисус. Он взял мой ранец с учебниками и забросил Себе на плечо. Потом ухватил меня за руку и стал прыгать и скакать вместе с мной прямо посреди улицы. Я до сих помню, где именно это произошло – рядом с церковной оградой.

Я сказал: «Иисус, ты спас мою маму, вернул её к жизни. Ты такой добрый, но как я могу отблагодарить Тебя?» В ответ Он произнёс:

«Придёт время, тогда и отблагодаришь. Я наполню тебя любовью ко Мне и пошлю тебя ко многим народам и племенам по всей земле, чтобы ты рассказал им обо Мне».

Не помню, как именно Он пропал из виду, но Его вдруг не стало. Тогда я помчался домой, чтобы рассказать маме, что случилось. У нас дома было много родственников, и все они слышали мой рассказ. С детской непосредственностью я рассказал обо всём, и скоро происшествие вылетело у меня из головы.

Спустя одиннадцать лет, когда мне было восемнадцать, я впервые отправился в миссионерскую поездку, в Индию. Потом я летал в Танзанию, Эфиопию и другие страны. Господь сдержал слово, и я уверен, что краткие миссионерские поездки – это лишь предвкушение того, что Иисус хочет сделать через меня.

Я делюсь этой историей, чтобы напомнить вам: Иисус – всё тот же. Он такой же, каким был вчера в Ветхом Завете, сегодня – в Новом, и останется таким же на веки вечные.

Но не поймите неправильно: только потому, что Иисус – всегда тот же, не означает, что Он пребывает в бездвижной прострации. Он подталкивает Церковь к сознательным шагам в подготовке к Его великолепному появлению в конце времени.

ДУРНАЯ РЕПУТАЦИЯ

Что можно сказать о современной Церкви, духовном Теле Христа? Ждём ли мы с должным трепетом Иисуса? Если брать во внимание не конкретных людей или организации, а в целом всемирную Церковь Иисуса Христа – ждём ли мы Его скорого возвращения, как ждали герои веры и раннехристианская Церковь? Соответствуем ли мы званию Невесты?

Наверняка большинство верующих ответят: «Конечно!» Но так ли это на самом деле? Как часто такой ответ – лишь пустой звук? Насколько часто мы вообще задумываемся или рассуждаем об этом?

Родившись в христианской семье, закончив воскресную школу, поучаствовав в подростковом и молодежном служениях, входя в церковное руководство, я слышал многочисленные версии того, как именно случится второе пришествие Иисуса Христа.

Многие говорят: «Видите ли, ранняя Церковь долго ждала возвращения Иисуса, но ничего так и не случилось. Иисус так и не пришёл, верно? В итоге первые христиане выставили себя глупцами».

Другие поддакивают: «Есть в Библии стихи, где сказано, что не закончится то поколение, как Иисус вернётся. Тем временем, уже минуло две тысячи лет, и ничего не происходит. Очень уж тёмное это дело».

Или вот ещё один частый аргумент: «Нам нужно созидать Церковь так, словно Иисус не вернется ещё тысячу лет». На это потребуется посвящение и стойкость – похвальное стремление. Но соответствует ли это утверждение Библии?

Каким-то странным образом мы втиснули христианство в рамки логически выстроенной системы, забыв, что христианская Церковь – это скорее организм, ведомый Духом.

> Это, возлюбленные, уже моё второе послание к вам. Я написал эти послания для того, чтобы напоминанием призвать вас рассуждать здраво, чтобы вы помнили слова, сказанные в прошлом святыми пророками, и повеление Господа и Спасителя, *переданное* вашими апостолами. Прежде всего вы должны помнить о том, что в последнее время появятся наглые насмешники, идущие на поводу своих низменных желаний и говорящие: «Так как же насчёт обещания Его прихода? Ведь с тех пор, как умерли отцы, всё остается так, как было от начала творения».
>
> **Второе послание Петра 3:1–4**

Церковь наших дней верит, что Иисус однажды вернётся, но точно не в наши дни. Ей не хочется обжечься, как это случилось с предыдущим поколением христиан, которые возвещали пришествие Иисуса, но умерли, так и не увидев исполнения своих ожиданий. Жизнь, тем временем, продолжается. Многие полагают, что восхищение Церкви случится ещё очень нескоро. Их-то апостол Петр и называет «насмешниками». Ой!

Я вполне понимаю существующий скепсис. Последние десятилетия немало сумасбродов пытались предсказать точную дату прихода Иисуса. Многие купились на сенсационные обещания, несмотря на то, что Библия недвусмысленно предупреждает: время возвращения знает только Отец (Мф 24:36).

Разумеется, ни одно из предсказаний не исполнилось, а возникшая шумиха причинила немало вреда Церкви. СМИ открыто высмеивали христианскую веру, а в церквях даже здравомыслящие христиане стали избегать разговоров на данную тему.

Мы втиснули христианство в рамки логически выстроенной системы, забыв, что христианская Церковь – это скорее организм, ведомый Духом.

Некоторые церковные лидеры предлагают не касаться эсхатологии. Слишком уж много, говорят они, в ней неопределённости. Чему быть, говорят они, того не миновать. Если постоянно задаваться вопросами о последнем времени, то очень скоро можно прослыть чудаком. Пусть уж лучше оно само собой как-то устроится.

По сути, они говорят так: «Уж когда всё случится, тогда и случится. Нам бы только остаться верными. Мы ничего с этим поделать не можем. Сам Иисус не знает, когда всё случится, так что лучше оставить эту тему в стороне».

Однако, читая Послание евреям, я обнаружил, что вопрос вовсе не исчерпан. Данная тема исключительно важна, если мы хотим видеть Церковь, пробудившуюся ото сна и преданную Господу.

«Нужно созидать Церковь так, словно Иисус не вернётся ещё тысячу лет»? Вот уж не думаю. Что, если мы станем строить Церковь так, слово Иисус вернётся завтра? Разве мы не станем более эффективными? Разве это не придаст нам больше усердия? Как преобразятся наши пожертвования, посвящение и склонность к человекоугодничеству? Какими станут наши приоритеты, если мы примемся за созидание Церкви так, словно Иисус вернётся завтра?

УБОРКА В ДОМЕ

> Не забывайте одного, возлюбленные: для Господа один день – что тысяча лет и тысяча лет – что один день. Господь не откладывает исполнения того, что Он обещал, хоть некоторые и называют это промедлением. Он очень терпелив к вам, не желая, чтобы кто-нибудь погиб, но чтобы все покаялись.
>
> **Второе послание Петра 3:8–9**

Как вы готовите дом к приходу гостей? Иногда мы с женой не успеваем толком прибраться, и в доме царит беспорядок. У нас четверо детей, и бывают дни, когда мы слишком устаём, чтобы как следует убраться и навести красоту.

Вспоминаю один случай. В доме полнейший разгром. Грязная посуда громоздится до потолка. Вонючие детские носки разбросаны повсюду – даже на дверных ручках повисли. Ковёр в гостиной усыпан крошками – не зная, можно принять его за песочницу.

Но у нас не было никаких сил и побуждения хоть как-то прибраться. Не хотелось вставать с дивана, и ничто не могло нас с него поднять. Мы были вымотаны до предела, но тут закралась шальная мысль: *А давай пригласим кого-нибудь на ужин*. Сказано – сделано; стоило всего-то позвонить друзьям.

Спустя час дом блестел чистотой. Мысль о том, что придут гости, вызвала невероятный прилив энергии, который и помог нам оторвать пятые точки от дивана. Гости пришли и рассыпались в комплиментах нашему уютному и прибранному дому. Они и понятия не имели, как дымились у нас пятки, пока мы носились по комнатам, убираясь в ускоренном темпе.

То же самое и с нашим ожиданием Иисуса. Когда ждёшь Его в любой момент, твоё отношение – ревность по Богу – непременно меняется. Приоритеты смещаются, и ты всегда готов приложить дополнительные усилия.

Эта идея помогает нам иначе относится ко всем житейским делам. Убеждённость, что возвращение Христа стремительно приближается, поменяет наше отношение к деньгам, работникам, супругам, спорам и т. д. Этот ключевой побудительный фактор отчётливо просматривается на страницах Священного Писания.

В целом вся история человечества – это бесконечное ожидание.

Если посмотреть на историю человеческой цивилизации, которой уже больше шести тысяч лет, люди веры всегда пребывали в режиме ожидания. Они ждали, ждали и ждали. И только на три с половиной года возникла передышка. В целом же вся история человечества – это бесконечное ожидание. Сначала все ждали первого пришествия Иисуса, теперь – второго.

Не думаю, что миллионы людей в истории человечества ошибались. С одной стороны, возникает искушение сказать, что ждать им не следовало, потому что они так и не дождались того, по чему томились. Они могли бы выглядеть более умными, если бы жили привычной жизнью, а не мечтали о том, по поводу чего столько предыдущих поколений горько ошиблись.

А если представить, что это принципиальный подход, который следует перенять? А вдруг, это вовсе не ошибка, а образец для смиренных – жить верой, угодной Богу?

> День Господа придёт *неожиданно*, как вор. ... какой святой и благочестивой жизнью вы должны жить, ожидая и ускоряя приход Дня Божьего..?! Но мы, по Его обещанию, ожидаем нового неба и новой земли, где обитает праведность.
>
> **Второе послание Петра 3:10–13**

К сожалению, современная Церковь питает тенденцию, противоположную той, к которой апостол Пётр призывал верующих. Вместо того чтобы быть влекомыми вечностью и делать всё возможное, чтобы приблизить День Господень, христианство заплутало и запуталось в земных реалиях плоти.

ПЕРВОНАЧАЛЬНОЕ ОПРЕДЕЛЕНИЕ ЦЕРКВИ

Перед тем как пойти дальше, следует определиться с тем, как мы понимаем суть Церкви. Давайте попробуем вернуться к определению, данному в самом начале, при её возникновении.

Что приходит на ум, когда мы слышим слово «церковь»? Здание, название, деноминация, сцена, известный пастор, воскресное богослужение или прямая трансляция из прославленного храма?

Ни один из предложенных вариантов не определяет изначального понятия церкви. В самом начале у христианских общин не было зданий, громких названий, безналогового статуса или увлекательных шоу со знаменитыми проповедниками. Современное определение Церкви, между тем, отличается от первоначального понятия, и этот факт совсем не радует.

Оксфордский толковый словарь определяет «церковь» как «здание, используемое для публичного поклонения христиан» или «отдельная организация христиан»[10]. Строго говоря, едва ли они почерпнули эти идеи из Писания.

Первоначальное понятие церкви было обусловлено людьми. Раннехристианская Церковь была столь успешной благодаря людям, и когда случались какие-то оплошности, они также были вызваны поведением людей. Старинное здание не может сделать Церковь пережитком прошлого. Малочисленность прихожан не аннулирует Церковь. Старый, пропахший ковролин, «сдохший» микрофон, крохотная парковка, отсутствие воскресной школы – ничто из этого не может как-то ухудшить Церковь, потому что эти вещи её не определяют.

Первые христиане собирались в разных местах, включая катакомбы, и при этом оставались Церковью. Когда встречались двое или трое, это было собрание Церкви.

Сегодня сложно принять такую идею, потому что мы ассоциируем Церковь с какими-то побочными вещами. Фрэнсис Чен в книге *Ошеломляющая любовь* пишет: «Мы незаметно, с трагическими последствиями, исказили ценнейшую заповедь Христа идти, крестить и учить все народы, превратив её в приятный призыв для христиан приходить, креститься и слушать наставления в одном месте»[11].

Если поручение Иисуса игнорируется, Церковь может быстро утратить свой статус *экклезии*.

Церковь изначально носила имя *экклезия*, которое означало «собрание созванных». Церковь была собранием верующих, но – более того! – верующих людей, получивших поручение. Не так важно было то, где они встречались и собирались – до тех пор, пока их объединяла одна цель: исполнить поручение Христа.

Перед тем как покинуть землю, Иисус обрисовал видение Церкви и озвучил поручение, которое ей надлежало исполнить: «Поэтому пойдите ко всем народам и сделайте их Моими учениками: крестите их во имя Отца, Сына и Святого Духа и учите их исполнять всё, что Я вам повелел. А Я буду с вами всё время, до скончания века» (Мф 28:19–20).

Нет нужды собирать совет директоров, привлекать опытных консультантов или создавать маркетинговые группы, чтобы определить видение и миссию поместной церкви. Самую трудную работу Иисус уже проделал.

В чём бы это ни выражалось, каждая церковь должна выполнять задание, порученное Иисусом. Если поручение Иисуса игнорируется, то в духовном мире Церковь может быстро утратить свой статус *экклезии*.

ЭВОЛЮЦИЯ ЦЕРКВИ

Первоначальное видение Церкви, включая название и религиозную практику, получило иное осмысление в третьем столетии, когда император Константин положил конец трёхсотлетнему гонению верующих, узаконив христианство. С одной стороны, завершение преследований было лучшим, что случалось с христианством. С другой стороны, это было худшим, что могло с христианством случиться.

Кто бы подумал, что окончание гонений скрывало в себе тайный зачаток зла? Христианство приобрело политическую окраску, и значение термина *экклезия* оказалось полностью искажённым.

Император Константин воздвигал великолепные церковные соборы для собраний верующих на нейтральной территории. Это позволило ему вписать структуру государства в церковные отношения, чем он лишь усилил влияние на христианство.

Божье Слово постепенно изымалось из обихода, а статус служителя делал его более святым, привилегированным и мудрым, чем обычный прихожанин.

Прогрессивное руководство Константина сдвинуло Церковь с библейского основания. Свобода от гонений была прекрасна, но она же подтолкнула Церковь к номинализму. Чудеса прекратились, и проповедь чистого Слова больше не звучала. Царство Божье перестало быть закваской, которая растёт под давлением (Мф 13:31–33).

С тех пор минуло почти две тысячи лет, однако церковная структура, возникшая при Константине, по большей мере остаётся в силе – её элементы можно с легкостью распознать в современной Церкви.

Недавно я слышал проповедь пастора, который признавался своей общине: «Даже я, будучи пастором, не до конца понимаю благодать. Вам и подавно не удастся постичь её во всей полноте!» Другой пастор в нашем штате открыто учит, что только пасторам принадлежит данное Богом право толковать Писание стаду. (Нижайше благодарствуем, Константин!)

Современные церковные общины всех деноминаций возводят монументальные строения. В Церкви правит бал культура корпоративных отношений, а модель, предложенная Святым Духом, в целом остаётся в пренебрежении.

«Итак, вы – тело Христа, и каждый из вас – орган в Его теле» (1 Кор 12:27). Когда я произношу слово «церковь», в моём воображении возникает не здание, а группа верующих. В Ефесе их было двенадцать (Деян 19). В Иерусалиме – десятки тысяч. Поражаюсь, как им удавалось собираться, несмотря на нелегальное положение, не имея здания. Интересно, сколько домашних групп собиралось в общей сложности в стенах города. Дома, кстати, в те дни были куда меньше, чем хоромы, к которым мы привыкли в Соединённых Штатах.

Пробуждение, описанное в Деяниях апостолов, представляло собой более сложную организационную проблему, чем те, с которыми нам приходится сталкиваться в наши дни. И всё же Церковь уповала не на организационные навыки, а на водительство Святого Духа. Любая проблема решалась с помощью молитвы, поста и размышления над Словом.

ОПРЕДЕЛЯЮЩАЯ ПРАКТИКА

С практической стороны было три фактора, которые определяли жизнь Церкви. Верующие постоянно практиковали три аспекта – общение, причастие и молитва.

«Они твердо держались учения апостолов, всегда пребывая в общении, в преломлении хлеба и в молитвах» (Деян 2:42). Этим они занимались ежедневно. В Писании есть по крайней мере тридцать упоминаний этих церковных практик.

> Каждый день они единодушно пребывали в храме, а по домам преломляли хлеб и ели с радостью и искренностью в сердце, прославляя Бога и пользуясь добрым расположением всего народа. Господь ежедневно прибавлял к ним спасаемых.
>
> **Деяния апостолов 2:46–47**

Как можно добиться того, чтобы люди спасались ежедневно, а не только по воскресеньям? Всего-то нужно ежедневно быть Церковью! В таком случае не получится жить двойной жизнью. Гораздо сложнее лицемерить и притворяться, когда твоя жизнь на виду у других верующих каждый день.

Я сам далёк от такого идеала, однако стремлюсь жить по примеру, оставленному в Библии. Мне кажется, что в современной Церкви отчаянно недостаёт трёх аспектов, на которых изначально новое движение и основывалось – общения, преломления хлеба и молитвы.

В наши дни чаще всего звучит недовольство по поводу нехватки дружелюбности и тесных связей в церквах. Новообращённые с трудом вписываются в общину, им сложно отождествить себя с давно верующими людьми. Объединение людей в малые группы, чтобы они могли жить общими интересами, – задача очень непростая. В основном все приходят на воскресное богослужение, но держат дистанцию, стараясь отделить свою личную жизнь от церковной деятельности.

Недавняя эпидемия лишь усугубила эту проблему. Люди избегают связей и взаимоотношений. Если кто-то и собирается в группу на дому, они часто не хотят приглашать кого-то нового, чтобы не нарушить сложившуюся атмосферу.

Ежедневное причастие – тоже болезненный вопрос. Большинство общин по всему миру совершает его раз в месяц. Во многих местах учат, что раздавать его дозволено лишь рукоположенным служителям. Они говорят, что если рядом никого нет, то одному нельзя устроить причастие.

Кто-то считает, что детям нельзя принимать причастие до тех пор, пока они не будут крещены в воде. Им придётся подрасти, прежде чем их допустят к преломляемому хлебу. (Хотелось бы увидеть библейское обоснование такому мнению.)

Само по себе учение о причастии довольно бессодержательно. Нет никакого свежего откровения. В большинстве церквей, где я бывал, перед хлебопреломлением звучат всё те же знакомые всем слова апостола Павла. Я ни в коем случае не принижаю того, что написал апостол, однако очень хочется, чтобы люди увидели, какое богатство смыслов есть в Писании, раскрывающих личность и подвиг Иисуса.

Я даже не стану затрагивать учение о том, что хлеб и вино – всего лишь символы тела и крови Христа. Если это просто символ, тогда как моя мама смогла получить исцеление от рака, принимая причастие? Как я смог подняться на ноги после полумёртвого состояния сразу после причастия?

В Мк 14:22 Иисус сам сказал: «Возьмите, это Моё тело». Затем Он взял чашу, поблагодарил за неё и подал им, и они все пили из неё. «Это Моя кровь завета, проливаемая за многих», – сказал Он (Мк 14:24).

Если поступать так, как раннехристианская Церковь, мы будем столь же эффективны в служении.

В книге *Кровь* Бенни Хинн пишет: «Причащаясь хлеба и вина, мы входим в общение с Господом. Когда мы совершаем Вечерю Господню, Он Сам на неё является»[12]. В естественном мире элементы причастия остаются хлебом и вином, но в духовном они являются Телом и Кровью Иисуса. Вот почему преломление хлеба способно творить чудеса.

А молитва?! С чего мне начать? Насколько успешно молитвенное служение в вашей церкви? Как проходят служения посреди недели?

Объявление о молитвенном собрании всегда кажется самым скучным. Но, ничего страшного, современная Церковь придумала изысканное решение. Теперь это называется вечером хвалы и поклонения. Искусные умы современности решили, что людям больше понравится петь песни, чем молиться. Может, так оно и есть, однако Бог сказал: «Дом Мой будет назван домом молитвы» (Мф 21:13). Никак не домом поклонения.

Леонард Равенхилл пишет: «Если хотите знать, насколько популярна та или иная церковь, посетите воскресное служение. Если хотите выяснить, насколько популярен пастор, сходите на собрание в воскресенье вечером. А вот если желаете узнать, насколько популярен Бог, загляните на молитвенное собрание – и Он постоянно проигрывает»[13].

Давайте представим, что вы всё же попали на молитвенное собрание. Многие из этих собраний очень быстро превращаются в «дом проповеди». После тридцатиминутного нравоучения, объясняющего, почему нам должно молиться, все несколько минут молятся. Потом микрофон передаётся лидеру прославления, у которого есть чёткая задача – не дать молитве превратиться в тягомотину. Не успеешь опомниться – вот уже и час пролетел, и собрание можно завершать. Все пять человек могут отправляться по домам.

Сможем ли мы когда-либо вернуться к корням? Бог в Своём милосердии допускает какие-то искажения должного хождения перед Ним, но это не значит, что они Его радуют. Как сказал Иисус в Мф 19:8: «Вначале так не было».

Я не утверждаю, что всё в современной Церкви ужасно. Бог могущественно использует Свою рать, и Церковь сделала немало хорошего за последние несколько десятилетий и даже последние два века. Я лишь указываю на конкретные отхождения Церкви от библейских истин, чтобы мы могли приблизиться к образу, задуманному Иисусом.

Иисус пришёл, чтобы вернуть нас к жизни, какую нам уготовал в начале Бог. Я верю, что Он и Свою Церковь вернёт к прежнему идеалу, чтобы она жила так, как Он изначально устроил. Если поступать так, как раннехристианская Церковь, мы будем столь же эффективны в служении.

ОЖИДАЕТ ЛИ СОВРЕМЕННАЯ ЦЕРКОВЬ ИИСУСА?

Нельзя сказать, что мне это доставляет удовольствие, но я хотел бы обсудить состояние современной Церкви, как оно открылось мне. Это непростой разговор, потому что выглядит она неприглядно.

У меня слёзы на глаза наворачиваются, когда я думаю о том, что современная Церковь не живёт в ожидании Иисуса. Она не готова к Его возвращению.

Излагая свои мысли в последующих главах, больше всего я желаю, чтобы эти истины подтолкнули ваши сердца к покаянию, а не самооправданию. У всех нас хватает недостатков, над которыми стоит поработать, «мертвых зон», на которые следует обратить внимание – всем необходимо искать пути, чтобы духовно возрастать.

Я хочу уточнить, что пишу не о всей Церкви и всех без исключения верующих на планете. Моя книга адресована тем, кому необходимо вернуться к библейскому идеалу веры.

Церковь, живущая по первоначальному замыслу Богу, согласно Его стандартам, тоже есть. Она живёт по Слову, и в ней много верующих, которые твёрдо стоят на истине Писания и двигаются в силе Святого Духа. Однако слеп тот, кто не видит, что на Западе *Экклезия* оказалась в меньшинстве. Верующие такого порядка – святой «остаток». Молюсь, чтобы эта книга помогла наполнить ряды остатка радикальными верующими, до последнего преданными Иисусу.

Поймите: я не пытаюсь уколоть какую-то конкретную религиозную организацию, деноминацию или поместную общину. Я не тыкаю пальцем в людей, а скорее размышляю над некоторыми явлениями.

Моя книга написана для каждого верующего и Тела Христова вообще. Взявшись за это непростое дело, я стараюсь быть послушным Слову, которое вдохновляет меня поступать следующим образом:

> Возвещай слово, будь настойчив и в удобное, и в неудобное время, исправляй, обличай, ободряй и терпеливо учи. Потому что наступит такое время, когда не будут выносить здравого учения. Они будут приглашать и жадно слушать тех учителей, которые будут говорить им лишь то, что они сами желают услышать.
>
> **Второе послание Тимофею 4:2–3**

Данное повеление Тимофею звучит в контексте второго пришествия Иисуса. Павел начинал свою мысль словами: «Перед Богом и Христом Иисусом, Который будет судить живых и мёртвых, когда вернётся, чтобы править как Царь...» (2 Тим 4:1).

В последующих главах я собираюсь озвучить слова исправления, предостережения и настойчивости, необходимые для последних дней. Ради этой цели я покажу шесть грехов современной Церкви. Их может быть и больше, но эти шесть мне были ясно открыты, и я чувствую мощное побуждение Духа писать о них.

Пока я писал и редактировал книгу, я постоянно подвергал свою жизнь переоценке. Пусть у меня нет религиозной личины, но я то и дело обнаруживаю, что плоть пытается занять побольше места в моей жизни. Своей книгой я стараюсь привнести больше осознанности – о себе самих и служении Богу.

Иисус постоянно учил людей бодрствовать, быть начеку. Такое состояние духа требует настойчивой проверки себя перед Господом. Вспомните, как молился Давид: «Испытай меня, Боже, и узнай моё сердце; испытай меня и узнай мои помышления. Посмотри, не на опасном ли я пути и веди меня по пути вечному» (Пс 138:23–24).

Помните строку известного гимна: «Когда Дух Господень наполняет меня, // Буду петь, как пел Давид»? Я бы добавил ещё одну строку: «Когда Дух Господень оставляет меня, // Согрешу я, как Давид».

Как минимум двенадцать раз в Евангелиях Иисус велел быть настороже, бодрствовать и быть готовыми. Все эти предостережения прозвучали в контексте учения о последних днях и пришествии Жениха. Он безоговорочно любит нас и хочет, чтобы каждый верующий был в окружении Невесты, готовой к бракосочетанию и брачному застолью с Сыном Божьим. Но если мы не будем проверять себя, как можно быть уверенным, что мы готовы? Если мы не займёмся злободневными вопросами своей жизни и служения, как сможем предстать перед Иисусом в образе незапятнанной, непорочной Невесты?

ПИСЬМА СОВРЕМЕННОЙ ЦЕРКВИ

ГЛАВА 6

ЦЕРКВИ БЕЗРАЗЛИЧНОЙ

«Взирая на Церковь сегодня, невольно задумываешься: как долго святой Бог сможет удерживаться от осуществления угрозы изрыгнуть лаодикийскую мерзость из Своих уст. Ибо если в чём-то проповедники и солидарны, так это в том, что мы находимся в лаодикийском периоде Церкви»[14].

Леонард Равенхилл

ПЕРВЫЙ ГРЕХ, К КОТОРОМУ Я ХОЧУ ПРИВЛЕЧЬ ваше внимание, скрывается в послании Лаодикийской церкви. Я убеждён, что Иисус говорит то же самое и Церкви наших дней.

Недавно я наткнулся на фразу неизвестного автора, которая вызвала у меня улыбку: «Если бы апостол Павел жил сегодня, американская Церковь получила бы послание».

Современная Церковь – это церковь Лаодикии. Её проблема таится в самом названии – Лаодикия означает «тепловатая», или, иначе говоря, «безразличная». Чрезвычайно опасное состояние. Иисус адресовал лаодикийцам послание, в котором призывал их покаяться, обещая, что победители воссядут с Ним на престоле – на месте, приготовленном для Невесты. Если покаяния не будет, то она будет развенчана и изгнана вон.

Видите ли, даже Бога иногда тошнит. В послании буквально сказано, что Он изрыгнёт лаодикийскую церковь. Это выражение указывает на то, какое отвращение она стала вызывать.

Самовосприятие Церкви кардинально отличалось от того, какой видел её Иисус.

«Ангелу церкви в Лаодикии напиши: "Так говорит Аминь, верный и истинный Свидетель, Источник Божьего творения"» (Откр 3:14). Перед нами единственный случай, когда Иисус открывается как Аминь. Это имя меня пугает – словно назад пути нет, как будто не будет второго шанса. Будет так, как Он сказал, и никто этого не изменит.

«Я знаю твои дела. Ты ни холоден, ни горяч. О, как хотелось бы, чтобы ты был или холоден, или горяч! Но ты только тёпл, а не горяч и не холоден, и поэтому Я изрыгну тебя из Своего рта» (Откр 3:15–16). Иисус говорит, что предпочёл бы холодную церковь тёплой.

Постойте-ка! Я-то думал, что быть религиозным лучше, чем отступившим. Но нет, Иисус говорит, что лучше уж совсем удалиться от Бога, чем прикидываться, что у тебя всё в полном порядке.

Иначе говоря, до холодного сердца проще достучаться. Тёплое же состояние делает верующих безразличными. Иисус не может до них достучаться. В этом состоянии верующий чувствует себя самодостаточным, не чувствует необходимости в возвращении Господа. Ему и так комфортно в собственном крохотном царстве.

«Ты говоришь: "Я богат, я много приобрёл, и мне уже ничего не надо". Но ты не осознаёшь, что ты несчастен, жалок, нищ, слеп и гол» (Откр 3:17). Очевидно, то, как Церковь расценивала себя, кардинально отличалось от того, как воспринимал её Иисус.

Лаодикия была богатым городом, домом для многочисленных торговцев и ростовщиков. Похоже на современную Церковь, верно? Рассуждая над этим стихом в *Толковом библейском ком-*

ментарии, Уоррен У. Уирсби отмечает: «Возможно, рыночный дух проник в церковь настолько, что их ценности оказались искажены. Почему на многих церковных бюллетенях и в шапках церковных бланков так часто встречаются изображения зданий? Неужели это самое важное для нас?» А ниже добавляет: «Братский совет лаодикийской общины мог с гордостью показать годовой отчёт с впечатляющими цифрами, однако Иисус сказал, что вот-вот изрыгнёт их изо рта![15]»

Город Лаодикия был известен производством глазной мази, однако Иисус назвал местных христиан слепыми. «Они были настолько увлечены созиданием своего царства, что стали безразличными к заблудшему миру»[16], – пишет Уирсби. Апостол Пётр отмечает, что при отсутствии духовного роста мы становимся слепы.

Кроме того, Лаодикия славилась тонкими шерстяными одеждами и вообще производством тканей. Это напоминает мне некоторых знаменитых проповедников, которые больше походят на кумиров толпы с обложек журнала *GQ*. При всём этом Иисус утверждает, что церковь Лаодикии нага.

Церковь утратила свою праведность, несмотря на то, что внешне якобы служит Иисусу. Согласно Откр 19:8, нам следует облачиться в «тончайшее льняное платье, чистое и блестящее», которое символизирует «праведные дела святых». Как ни печально, но современным лаодикийцам недостаёт таких одеяний.

ИИСУС НЕ ТОЛЬКО СОКРУШАЛСЯ, НО И КРУШИЛ

Послание лаодикийской церкви, пожалуй, было наиболее суровым из всех семи. Иисус прибегает к довольно крепким выражениям. Можно

Иисус плакал об отвергнувшем Его мире, но отхлестал церковь, которая по сути отвергла Его Отца.

только представить, как бы Он поступил, если бы явился в ту церковь физически.

Только вспомните, что сделал Иисус, когда пришёл в Иерусалимский храм. До того как совершить хоть одно чудо, Ему пришлось привести Свой дом в порядок. Иисус выгнал всех проходимцев с помощью кнута. Подумайте над этим, когда вам покажется, что пастор слишком уж грубо проповедовал.

Как только храм был очищен, что случилось дальше? Слепые и хромые были исцелены (Мф 21:10–17). Иисус плакал об отвергнувшем Его мире, но отхлестал церковь, которая по сути отвергла Его Отца, злоупотребляя Божьим именем ради корысти.

Это был важнейший момент исправления, необходимый для Церкви, которую Он основал (Деян 2). Вот почему Иисус столь сурово обращался к церквям в Книге Откровения.

Современная Церковь сильно походит на Иерусалимский храм – точно так же занята бурной деятельностью, создаёт впечатление о кипящей церковной жизни, но в глубине все эти бурления оказываются лишь подменой Его присутствия.

Я бы скорее предпочёл, чтобы Иисус плюнул мне в глаза и сделал меня зрячим, чем выплюнул изо рта по той причине, что Его воротит от моего лицемерия. Я готов позволить Ему сделать всё необходимое для того, чтобы мне быть чистым в Его глазах, когда Он явится.

Становитесь горячее. Светитесь ярче. Идите дальше.

ПРОМАХ ОЗЫ

Давайте вспомним о первой попытке перенести ковчег Божьего завета в Иерусалим. Речь пойдёт о бездарном решении от имени народа Божьего.

До того как Давид решил перенести ковчег, более двадцати лет о святыне никто и не вспоминал. Когда филистимляне вернули его израильтянам, ковчег был оставлен в доме Аминадава. Все боялись священного короба, особенно после того, как Бог поразил семьдесят человек, попытавшихся заглянуть внутрь. По этому поводу на народ напал жуткий ужас.

Наконец, Давид вспомнил о ковчеге и решил внести Божье присутствие в новую столицу, Иерусалим. Царь не стал обдумывать, как сделать это по Божьим правилам, а поспешно поступил по плоти.

Слуги царя водрузили святыню на обычную повозку, запрягли животных и покатили в город. Никто и не подумал озадачиться постановлениями Бога на этот счёт. Можно только представить, как за ковчегом присматривали эти двадцать с лишним лет. Судя по полной некомпетентности, он был в полном забвении и пренебрежении.

Нельзя поклоняться Богу по своим правилам. Необходимо следовать Его условиям.

По дороге телега наклонилась, и сын Аминадава Оза попытался помочь присутствию Бога, придержав ковчег. Он решил, что человеческое участие сможет удержать Божью славу. Но его старания пошли прахом, и он упал бездыханным прямо на месте.

Снова смерть, вызванная ковчегом. Снова все пришли в ужас. Давид трепещет. Все помнят, что случилось двадцать лет тому назад. И снова повторяется прежняя ошибка – ковчег бросают в случайном близ находящемся доме.

Оза жил рядом с ковчегом более двадцати лет, но так и не научился трепетать перед Божьим присутствием. Он так и не понял, каким сокровищем обладал. Вероятно, он попросту привык к тому, что ковчег стоит в доме. В конце концов, он выглядел, как обычный ящик, покрытый пылью, пусть и отделанный золотом.

Какая печальная ирония: иметь присутствие Божье в своём доме, но так и не ощутить его действие в своей жизни. Чья это вина: ковчега или Озы?

Каким равнодушным нужно быть? Никаких возвышенных чувств по отношению к святыне. Он превратился в обычный символ Божьего присутствия. Оза так и не научился подпитывать присутствие Бога в своей жизни. Ковчег не делал ему ни добра, ни зла.

Примерно так же многие люди относятся к хлебопреломлению, церковному богослужению или молитвенному собранию. Все эти мероприятия приятно посещать, но они толком ничего не меняют. Подобные умозаключения рождаются в сознании верующих, когда они не ищут настоящих, бескомпромиссных отношений с Богом.

Оза напоминает мне многих из нас – тех, кто родился в христианских семьях. Нам хорошо известен порядок, мы давно уяснили, как всё работает. Ещё малышами мы усвоили христианский жаргон быстрее, чем толком выучили свой родной язык. Все прекрасно знают, когда встать и когда сесть, когда похлопать, а когда пустить слезу. Мы отлично разбираемся в том, как функционирует церковь – она стала предсказуемой.

Для Озы ковчег олицетворял не столько Божье присутствие, сколько религию. В нём не было ничего личного. И вообще, парень, по всей видимости, и ввязался за перевозку ковчега, послушавшись отца или царя.

Вот так многие из нас, когда были ещё маленькие, ходили в церковь из послушания родителям. Выбора как такового и не было. Либо ты шёл, либо получал шлепок по мягкому месту и всё равно шёл. В детстве я никогда и не ходил бы в церковь, будь у меня выбор. Там ждала жуткая скукотища.

Помню, я вскочил на велосипед, чтобы погонять с приятелями воскресным днём, так меня сцапала бабуля и затащила в церковь на вечернее служение. Хуже воскресного утреннего служения было лишь одно: вечернее собрание. Туда приходили только старики. Вот там я и оказался двенадцатилетним мальчишкой. Дождаться не мог, когда это закончится.

Как же я рад, что моя домашняя церковь пережила радикальное обновление несколько лет спустя, после чего она стала процветающей общиной, полной молодых людей и подростков. Многие из них стали пасторами и миссионерами в других странах.

Без личного переживания Божьего присутствия церковь перерастает в традицию или становится частью культуры – хорошим делом для приличного человека. А это чрезвычайно опасно, особенно, когда Бог решает явить Свою славу.

Аведдар, у дома которого остановилась повозка с ковчегом, был совсем другим человеком. Он сразу же понял, что ему несказанно повезло (или, если угодно, он получил благословение) ценой чужой неудачи. Аведдар не собирался упускать возможность заполучить Бога. Он вероятно подумал: «Ну и пусть все шарахаются от ковчега, включая самого Давида – но я-то не упущу свой шанс. Когда ещё я смогу принимать Творца у себя дома?» За это Аведдар и получил благословение – оно было таким изобильным, что вести дошли до царского дворца. Тут-то у Давида взыграла зависть, когда он понял, чего он всё это время лишал себя.

Здесь нам предстоит усвоить чрезвычайно важный урок. Ковчег следовало переносить на плечах левитов по весьма конкретной причине. Нести святыню должны были люди, созданные по образу Бога и отделённые для Его целей. Точно так же нельзя поклоняться Богу по своим правилам. Мы можем делать это только на Его условиях. Бог не станет нарушать постановления ради нас, как не сделал это в случае Озы или Давида. Истинное поклонение происходит в Духе и истине. Таковы Божьи условия (Ин 4:24).

Невозможно поместить Божье присутствие на телегу религии, изготовленную людьми, и надеяться докатиться до небес. Невозможно затолкать личность Святого Духа в чулан и заняться служением, забыв о Том, Кому служишь. Нельзя пренебрегать Женихом, пока готовишься к брачному пиру с Ним.

Вэнс Хавнер заметил: «Дело Христово потерпело больше урона от тех, кто греет скамьи на воскресном богослужении, притворяясь, что любят Его, и называя Его Господом, но не исполняют Его заповедей, чем от всевозможных мытарей и грешников»[17].

Мы имеем Духа Святого. Он обитает в нас (Рим 8:11). Я молюсь, чтобы нам никогда не привыкнуть (вплоть до безразличия) ко всем путям, которыми Он приближается к нам, чтобы иметь общение. В конце концов, если кто-то думает, что стоит, следует поберечься, чтобы не упасть (1 Кор 10:12) – ровно так, как это случилось с Озой.

МИЛОСЕРДИЕ БЕЗМОЛВНОГО БОГА

«Ты творил это, а Я молчал; ты решил, что Я такой же, как ты. Но Я обличу тебя и в глаза тебя обвиню» (Пс 49:21). Есть такое заблуждение, в котором пребывает современная Церковь. Мы осмелились сравнять Бога с собой, а не наоборот. Мы стащили Бога на свой, человеческий уровень. Перевод Библии «Новая жизнь» (*New Living Translation*) предлагает такой вариант: «Пока ты всё это творил, Я безмолвствовал, и ты решил, что Мне всё равно».

По-человечески мы воспринимаем молчание как знак согласия. Но с Богом совсем не так. Он никогда не одобрит проступки Церкви – словом или безмолвием. Библия говорит (Рим 2:4), что благость Божья ведёт человека к покаянию, поэтому, если Бог не карает нас на месте, это не значит, что Ему плевать на ложь, лицемерие, идолопоклонство и другие грехи. Он просто даёт нам время покаяться.

Благость Божья ведёт нас к покаянию.

Некоторые лидеры пользуются христианством для своей выгоды. Они проповедуют ложное Евангелие и строят своё царство, злоупотребляя именем Иисуса. Им кажется, что Бога всё вполне устраивает. Они воображают, что ведут себя вполне приемлемо, потому что: «Ну сам посмотри, все же только и заняты тем, что богатеют».

Тем временем Бог пытается привести нас к покаянию. Но как далеко мы отпали? Когда вы в последний раз видели, чтобы кто-то приблизился к Богу после того, как получил благословение? Как только на кого-то обрушивается лавина финансового благословения, такого человека становится непросто встретить в церкви. Как только кто-то получает исцеление, их едва ли увидишь на молитвенных собраниях, которые они раньше так прилежно посещали. Мы ищем благословений, а не Отца, Который осыпает нас ими.

Благость Божья должна сокрушить нашу гордыню, чтобы мы взмолились: «Господи, я ужасный грешник, а Ты продолжаешь меня благословлять, продолжаешь являть Свою верность, и никогда не отворачиваешься от меня, как это часто делаю с Тобой я. Не могу вынести такую необоснованную, безоговорочную любовь, и каюсь. Прости меня!». К сожалению, Божьи терпение и милосердие, являемые в Его безмолвии, воспринимаются как повод оправдать свои грехи.

Подобное поведение не останется незамеченным. Бог провозглашает, что Он обличит и осудит тех, кто злоупотребляет Его добротой. Пришло время покаяться. Отвергните искажённое восприятие Бога и неправильное понимание Библии. Смиритесь перед Богом, тогда как Он продолжает безмолвствовать в Своей любви и долготерпении.

СОВЕТ ИИСУСА

При всей Своей суровости Иисус не лишает нас надежды, не предоставив выхода. Лаодикийской церкви Он предлагает предпринять следующие шаги:

> Я советую тебе купить у Меня золото, очищенное в огне, чтобы разбогатеть; купи и белую одежду, чтобы закрыть свою постыдную наготу; купи глазную мазь и помажь свои глаза, чтобы ты мог видеть. Тех, кого люблю, Я обличаю и наказываю. Поэтому прояви рвение и раскайся.
>
> **Откровение 3:18–19**

Во-первых, следует купить золото, очищенное огнём. Церковь в Смирне была бедной, но Иисус называл её богатой. Лаодикийцам требовалось то, что было у христиан Смирны – не просто золото, а то, которое было очищено огнём. Уоррен Уирсби отмечает: «Ничто так не заставляет народ Божий пересмотреть приоритеты, как страдание!»

1 Петр 1:7 гласит: «Ведь через такие страдания доказывается подлинность вашей веры, что ценнее золота (которое хоть и испы-

тывается огнём, но всё равно не вечно), чтобы она принесла вам похвалу, славу и честь, когда явится Иисус Христос».

Будьте готовы пройти через испытания ради Иисуса. Тем самым вы сможете избежать тепловатого состояния. Вы возразите: «Но в США нет преследований по религиозному признаку!» А вы попробуйте говорить истину – и верующим, и просто окружающим людям. Вы мгновенно убедитесь, что заблуждались на этот счёт. Апостол Павел писал: «Все, кто хочет жить в согласии со своей верой во Христа Иисуса, будут преследуемы» (2 Тим 3:12).

Во-вторых, следует приобрести белую одежду, чтобы прикрыть позорную наготу. Такого рода унижение может быть вызвано только неправедностью.

> Я ликую о Господе; моя душа торжествует о Боге моём, потому что Он облёк меня в одеяния спасения и одел меня в одежды праведности. Я словно жених, украшенный венком, словно невеста, украшенная драгоценностями.
>
> **Книга пророка Исайи 61:10**

Иисус облачил нас в одежды праведности, но теперь наша задача оставаться в них. Праведными делами святые облачаются в белые одежды (Откр 19:8). Уирсби вновь поясняет: «Спасение означает, что праведность Христова вменяется нам, записывается на наш счёт; освящение же означает, что Его праведность нам прививается, становится частью характера и поведения»[18].

В-третьих, следует помазать глаза предлагаемой мазью, чтобы обрести зрение. Пора излечиться от слепоты в отношении нынешней действительности. Попробуйте выбраться из самодовольства и посмотреть на себя со стороны – под углом Священного Писания.

Апостол Пётр пишет, что духовное зрение портится, если не возрастать в Господе. Нанесите глазную мазь. Возможно, будет щипать, но разве что-то сравнится с возможностью снова видеть?

Применив целительную мазь, вы снова обретёте духовную проницательность, и уже не будете слепой Церковью, ведущей слепцов, рискуя упасть в одну и ту же яму.

Обратите внимание: все эти действия предписывались самим верующим. Иисус не стал делать этого за них. Он сказал: «Купи золото, покрой наготу одеждой, помажь глаза». Мы должны выполнить свою часть работы.

Итак, прислушаемся к словам нашего Господа, Который хочет исправить нас. Он любит нас, жаждет общения с нами. Это единственная причина, по которой Иисус прибегает к такому языку и тону, выраженному в послании Церкви. Иисус хочет быть с нами всегда – Царь и Его царица будущего века. Не впускайте тепловатость в своё сердце. Ставки слишком высоки. Прильните к Нему и покрепче держитесь за Него в любви.

«Не будьте упрямыми, как ваши отцы; покоритесь Господу. Придите в святилище, которое Он освятил навеки. Служите Господу, вашему Богу, чтобы Его пылающий гнев на вас прекратился» (2 Пар 30:8).

«Душа моя льнёт к тебе; Ты правой рукой поддерживаешь меня» (Пс 62:9).

ГЛАВА 7

ЦЕРКВИ ГЛУПОЙ

ЧТО МОЖЕТ БЫТЬ ПЕЧАЛЬНЕЕ, чем Церковь без Христа? Что сложнее обнаружить, чем отсутствие Иисуса в Церкви? Снаружи всё выглядит прекрасно. Звучат совершенно правильные речи, и даже дела как будто идут неплохо, но внутренность пуста.

Дискуссия на эту тему оказывается отнюдь не простой, потому как дело касается сердечных мотивов. Не всё заметно глазам, но при чтении между строк с помощью Святого Духа можно различить либо присутствие, либо отсутствие Иисуса. «...и все церкви узнают, что Я испытываю сердца и мысли человека, и каждый из вас получит по своим делам» (Откр 2:23).

Вэнс Хавнер писал: «Сатана не сражается с церквями; он к ним присоединяется. Он делает больше вреда, сея плевелы, чем вырывая пшеницу. Он добивается большего успеха подражанием, чем прямолинейной оппозицией»[19]. Вопрос вот в чём: «Как поймать врага на кознях?»

Нам придётся это сделать, если мы хотим быть готовой Невестой. Тех, кто ею не являются, Иисус в притче о десяти девах назвал глупыми. Мы не можем позволить, чтобы наши умы и сердца стали безразличными. В таком случае нам грозит не только утрата статуса Невесты, но и потеря спасения как такового.

ПАВЕЛ РАЗРАЖАЕТСЯ НЕГОДОВАНИЕМ

Давайте посмотрим, что Павел хотел сказать христианам Галатии. Он всячески распространяется по вопросам Закона, дел и веры, и его высказывания выдают безмерное разочарование и негодование.

> Глупые галаты! Кто это так заворожил вас, вас, которым так ясно был представлен распятый Иисус Христос? Ответьте мне на один вопрос: вы получили Духа благодаря соблюдению Закона или же по вере в то, что вы услышали? Неужели вы так глупы? Вы начали Духом, а сейчас вы хотите достичь цели человеческими усилиями?
>
> **Послание галатам 3:1–3**

Ой! Ага, апостол Павел назвал Божью церковь глупой.

Павел вспылил, обращаясь к церкви, и упрекнул христиан в том, что многим из нас не кажется таким уж существенным вопросом. Ну да, галатийские верующие дали волю плоти у себя в церкви, но с кем не бывает? Не так уж и страшно. Они же спасённые верующие; вопрос спасения, в конце концов, самый важный. Я тоже так думал.

Верующие Галатии верили в Иисуса, а только это и считается. Да, некоторые церкви более религиозны, чем другие. Может, они хуже ощущают Божье присутствие, и потому слегка усложняют себе жизнь. Разве стоит об этом задумываться до тех пор, пока все мы верим в Христа?

Павел же по этому вопросу принял радикальную, однобокую позицию. У него было незыблемое мнение касательно того, как соотносятся отношения с Богом и дела (исполнение Закона).

Читая Послание галатам, я задавался вопросом, почему апостол поднял такой шум. В двадцать первом веке мы примерно так и живём, и у всех всё хорошо.

Согласиться с апостолом я не мог, но сохранил достаточно смирения, чтобы не спорить.

«Неужели всё, через что вы прошли, было напрасно? Не может быть, чтобы всё это было напрасным!» (Гал 4:11). В переводе Библии «Пламенная любовь» слово «напрасно» переводится как «пустая трата времени». Павел говорит, что потраченные на проповедь галатам годы были пустой тратой времени. Посмотрим, что же происходило на самом деле.

Модным учением того времени было обрезание. Местные верующие учили, что все должны верить в Иисуса, молиться Духом, исцелять больных и изгонять бесов, но для полноты картины следовало добавить обрезание. Они учили, что именно это сделает верующих по-настоящему праведными.

Бог принимает человека только на одном условии, и дело совсем не в нас.

Но апостол Павел восклицает: «Никак нет!» Если добавить этот клочок Закона, всё рухнет. Я не понимал: «Но галаты же были спасены! Это уже лучше, чем ничего». Однако Павел считал иначе.

В наши дни мы тоже часто прибегаем к похожим делам, чтобы снискать больше праведности и почувствовать себя более святыми. Мы, будучи язычниками, не делаем обрезания, но с готовностью опираемся на другие дела плоти. Рассмотрим некоторые из них.

КАК МЫ ОДУРАЧИВАЕМ СЕБЯ

Христиане часто впадают в самообман, и вот как это случается. Мы совершаем всякие дела, надеясь, что Бог примет нас и осияет Своей благосклонностью. Правда же в том, что мы ничего не можем сделать, чтобы обрести Божье благоволение. Он принимает только на одном условии, и дело совсем не в нас.

Единственный пропуск к Богу – Иисус. Никакие наши усилия не могут приблизить нас к Богу хоть на миллиметр (2 Кор 3:4–6).

Хотя это не так уж заметно, многие стараются достичь праведности делами. Делать добро – правильно и необходимо, но стремление добиться святости добрыми делами Богу глубоко отвратительно.

Иногда среди христиан начинает циркулировать идея, будто мы станем более угодными Богу, если начнём больше служить в церкви. Вы когда-нибудь чувствовали угрызения совести из-за того, что не помолились или не почитали Библию? Случается, чувствуешь себя этаким христианином-лузером. И тогда отправляешься на пятиминутную молитву, читаешь несколько глав Писания, ставишь галочку и отправляешься в постель с успокоенной совестью.

Читать Библию и молиться нужно обязательно, но, если делать это лишь из-за угрызений совести, пользы будет мало. Наш Отец – совсем не такой, какими бывают земные отцы. Он не играет на струнах виноватости, а более чем счастлив видеть тебя и никогда не перестаёт ждать.

Когда наконец оказываешься в Его присутствии, Он не будет ругаться: «Ну и где же ты был? Почему шлялся так долго? Ты меня ужасно разочаровал!» Нет же, Отец вместо этого говорит: «Я так рад видеть тебя. Давненько мы с тобой не встречались. Я очень скучал и никак не мог дождаться, когда мы уже с тобой пообщаемся».

Можно молиться духом, а можно – плотью. Исходя из этого, можно делать одно и то же, но получить разный результат – быть принятым или оказаться отвергнутым.

Некоторые люди молятся долгие часы подряд, умоляя Бога о принятии. Хотя все мы должны молиться постоянно, продолжительность молитвы не приближает нас к Богу. Мы не можем «промолить» свой путь к престолу благодати. Мы уже посажены на небесах и потому можем обращаться к Богу напрямую (Еф 2:6). Эта привилегия досталась нам не за заслуги.

Бог уже принял нас, и мы многое делаем благодаря занятому положению. Мы молимся, исходя из Божьего принятия, зная, что Бог всегда слышит нас.

Фарисеи молились много и долго. Иисус даже рассказал притчу о том, как в храме молились два человека: фарисей и сборщик податей. Витиеватая и длинная молитва фарисея не принесла ему никакой пользы, а вот краткий, но искренний вопль мытаря Бог услышал (Лк 18:9–14).

На молитву и пост фарисеи тратили долгие часы и даже дни, однако Иисус безжалостно их критиковал. Эти действия сами по себе не решали проблему. Суть в том, как молишься и для чего постишься. Вы делаете это, чтобы получить Христа или знаете, что у вас есть всё необходимое для того, чтобы приблизиться к Нему?

В некоторых церквях люди вынуждены одеваться по определённой моде, чтобы выглядеть более святыми. Я вырос в церкви, где мужчины сидели по одну сторону прохода, а женщины – по другую. Попробовал бы ты в воскресное утро перепутать, где именно сесть.

Помню, как парням с длинными волосами постоянно перепадало от церковных служителей. Старцы были весьма строгими и выговаривали нам, молодым парням, за слишком шикарную шевелюру. (Оказывается, в какой-то момент волосы вырастают за пределы святости.)

Мой друг детства Лёня, удивительно помазанный гитарист, был приглашён на республиканскую конференцию в Беларуси. Она проходила в самой большой церкви страны. У Лёни была серьёзная проблема – длинные волосы, но группе прославления он был необходим. Замены не было, и несколько тысяч молодых людей в зале ждали решения ситуации.

Церковные мудрецы придумали изящное решение, которое помогло не осквернить служение. Они спрятали моего друга за занавесом на сцене. Нашли более длинные провода, чтобы подсоединить инструмент к звуковой аппаратуре, и на протяжении всей конференции он музицировал в отдельной комнате. Он не мог общаться с группой музыкантов и исполнителей в процессе, но я же говорил: очень одарённый гитарист.

Проблема подобных явлений заключается вовсе не в том, что мы отвергаем некий стиль или культурные тренды, а в том, что определённая длина волос или стиль одежды якобы делает тебя более или менее праведным. Проблема в учении, согласно которому человек должен что-то делать, чтобы достичь большей святости.

Я понимаю, что скромность необходима. Об этом учит Библия. А то ведь некоторые девушки носят такие юбки, что, если обрезать десять сантиметров, они превратятся в пояс. (Знаю, знаю, это древняя шутка.)

Возможно, в вашей церкви дела обстоят совсем иначе. Что ж, тогда вам повезло. (Или мне сказать: «О, блаженные!»?) Как бы то ни было, я пытаюсь изобразить здесь картину, как дела могут определять святость, одурачивая нас и обесценивая всё, что Иисус сделал на Кресте.

Привнесение требований Закона в Церковь означало, что исполнение ветхозаветных повелений играет важную роль в достижении святости. Но это неприемлемо после жертвы Иисуса. Вот почему апостол Павел столь радикально высказывается по этому вопросу.

СВИДЕТЕЛЬСТВО МИНИ-ЮБКИ

В церкви, которую я посещал, была девушка с удивительной историей о том, как она обрела веру. Жизнь её была сложной и бессмысленной. Она страдала от столь жуткого одиночества, что оказалась на грани совершения самоубийства. Перед тем как осуществить свою задумку, девушка решила дать церкви шанс.

Она была неверующей, но приоделась в лучшую одежду для похода в церковь. Неудивительно, что это оказались мини-юбка, колготки-сеточки и туфли на высоком каблуке – лучшее, что у неё было для особых случаев.

В воскресенье она отправилась в одну из славянских церквей Орегона, и на входе сразу же наткнулась на пожилую даму. Эта бабушка набросилась на неё со словами: «Куда ты, по-твоему, собралась в таком-то наряде? А ну-ка пошла вон! Переоденься, а потом уж приходи. Как смеешь ты являться в Божий дом в таком виде? Уходи!»

Девушка перепугалась и быстренько удалилась из здания. Она была родом из Украины, поэтому решила наведаться в ещё одну славянскую общину. Добравшись до очередной церкви в следующее воскресенье, на входе она столкнулась с такой же ревностной бабушкой, и реакция была аналогичной: «Неужели непонятно, что в церковь так не ходят!? Ты же оскверняешь дом Божий!»

Выбежав вон, девушка всё же решила попытать удачу ещё раз. Но этот раз будет последним, сказала она себе. Если не сработает, решение было принято: покончить с собой. А вдруг удастся возложить ответственность на Бога, коль скоро это Его народ не принял её.

В следующий раз девушка зашла в славянскую церковь, которую посещал я. Можете догадаться, кого она первым делом увидела у дверей? Бабушку-старицу! Девушка было решила, что и на этот раз ей перепадёт на орехи, но эта женщина заговорила совсем иначе: «О, внученька! Привет, как дела? Ты, наверное, у нас впервые. Заходи, пойдём я тебя проведу. Сейчас найдём тебе место. Тебе должно здесь понравится. Наслаждайся служением, милая!»

В то воскресенье девушка, страдающая от суицидальных мыслей, приняла Иисуса в своё сердце. Какое счастье!

Между тем, юная леди понятия не имела, что у неё серьёзные проблемы с сердцем. Несколько месяцев спустя она отправилась в Украину проведать родных и там скоропостижно скончалась.

Красота этой истории в том, что она ушла домой к Иисусу. Ей не пришлось заканчивать жизнь самоубийством. Вместо этого она испытала мир и Божью любовь, которая превыше всякого понимания. Она обрела прощение и вечную жизнь.

Вопрос одежды может показаться незначительным и не стоящим внимания, но для кого-то вроде нашей героини, он оказался вопросом жизни и смерти. Даже столь мелкие детали способны оказывать сильное влияние на вечную участь.

В ПОГОНЕ ЗА СВЕРХЪЕСТЕСТВЕННЫМ

Люди прибегают к делам, когда на кону стоит сверхъестественное вмешательство Бога. Желая исцеления, некоторые готовы приложить всевозможные усилия, лишь бы привлечь Божье внимание. И тогда они ходят на все собрания церкви, вызываются потрудиться на церковных мероприятиях, стараются быть задействованы во всём чем только можно. Но это не решение вопроса, поскольку проблема находится в сердце.

На Кресте мы стали цельными во всех смыслах.

Когда нуждающийся в исцелении делает всё это ради того, чтобы привлечь внимание Бога, это указывает на тотальное непонимание того, что Бог сделал для него. Бог уже сделал всё, чтобы мы могли быть здоровыми. Его ранами мы получили исцеление. Дело вовсе не в делах. Следует принять верой то, что Господь уже совершил на Кресте (1 Петр 2:4).

Идеология дел всплывает на поверхность, когда мы воображаем, будто Бог обязан исцелить нас по той причине, что мы делаем много доброго. Когда вдовы попросили Петра воскресить Тавифу, они предъявили её добрые дела (Деян 9:36–43). Но не ошибитесь: они пытались привлечь внимание Петра, а не Бога.

Такие «усилия» становятся особенно заметными, когда мы думаем, что, служа изо всех сил, мы становимся более духовными и получаем приоритет в очереди за благословениями и покровительством. Они явственно просматриваются, когда мы решаем, что употребление даров Духа делает нас чуть лучше и может быть даже предпочтительнее других христиан.

Тенденция вернуться к делам (Закона или плоти) присуща человеческому сердцу. Так уж устроена жизнь на земле. Ничего не даётся даром. Мы выросли с пониманием, что бесплатный сыр бывает только в мышеловке. «Работай до поту – поешь хлеба в охоту».

Вдобавок к этому, мощную поддержку упованию на дела может оказывать наше воспитание. Вполне логично, что многие родители поощряют детей за то, что они делают что-то полезное. Если ничего не сделано, то и хвалить не за что. Но это может заточить ребёнка на усилия во имя одобрения. Подобные действия питают сиротский дух, который твердит, что мы должны сделать что-то для того, чтобы получить одобрение и заслужить принятие. Это само по себе искажает образ Бога Отца.

В Мф 3:17 Отец говорит Сыну, Иисусу, что благоволит к Нему. Он сказал это в тот момент, когда Иисус ещё ничего не сделал – до того, как Он отправился на служение.

Мы не принадлежим этому миру. Духовная сфера не функционирует по законам физического пространства. Усилия, прилагаемые для того, чтобы снискать внимание Жениха, сообщают Ему, что мы в реальности не верим в Его безусловную любовь к нам. А между тем Он гонится за нами куда активнее, чем мы. «Мы любим потому, что Он первый нас полюбил» (1 Ин 4:19).

КОГДА ХРИСТА БЫВАЕТ НЕДОСТАТОЧНО

Итак, вопрос не теряет актуальности: Почему кажущиеся безобидными дела вызвали такой ажиотаж, что Павел был готов опуститься до бранных слов? Они же не должны мешать спасению, верно? Мы продолжаем верить в Иисуса, а это значит, что спасение у нас в кармане, не так ли?

Если мы чуток и сбились с истины, это не так уж страшно. Ну же, назовите хоть одного человека, который никогда ни в чём не ошибался! Все эти мысли проносились у меня в голове, пока я не прочёл слова: «Слушайте, что я, Павел, вам говорю. Если вы соглашаетесь принять обрезание, значит, Христос не принесёт вам никакой пользы» (Гал 5:2). Перевод «Пламенная любовь» в данном случае гласит: «*Значит, Христа вам недостаточно*».

Взрыв мозга!

Смысл этого стиха в том, что, если кто-то решит подкрепить свою святость или праведность парочкой хороших дел, это будет означать, что жертва Христа была недостаточной для свершения Его подвига.

Нет, ну вы поняли?

Когда мы стараемся быть принятыми Богом, наши действия сообщают, что Христа недостаточно для того, чтобы сделать нас святыми, праведными и принятыми. Это значит, что мы должны внести свой вклад в подвиг Иисуса. То есть мы таким образом доводим Его труд до завершения.

По этой причине апостол Павел и говорит, что всё напрасно, если вы так считаете. Как можно рассчитывать попасть на небеса, если вам кажется, что Крови Иисуса было недостаточно? Как вы предстанете перед Отцом с подобными убеждениями, если для вас Крест был лишь частью всей работы?

Разумеется, мы никогда не скажем ничего подобного вслух, однако дела говорят сами за себя и часто громче, чем слова.

«Потому что вы спасены по благодати через веру, и это не ваша заслуга – это дар Божий; не дела, чтобы никто ими не хвалился» (Еф 2:8–9).

На Кресте мы стали цельными во всех смыслах. И получили это даром. Так уж бывает, что самое ценное дается даром.

«Если вы пытаетесь получить оправдание исполнением Закона, то вы уже не с Христом, вы отпали от благодати» (Гал 5:4).

В уже знакомом переводе Библии «Пламенная любовь» этот стих изложен так: «Если вы хотите стать правыми перед Богом, исполняя требования Закона, вы не просто отрезали крайнюю плоть, вы отсекли себя от Христа и отпали от явленной благодати!»

При таком мышлении Христова жертва лишается всякого смысла. Она становится лишь одним из ингредиентов, необходимых для святости. Но процесс контролирует сам человек. Ты сам становишься центром своей праведности. Вера становится твоим достижением и делом. А это напрочь устраняет Крест.

Я задаюсь вопросом: зачем? «Зачем я много молюсь? Зачем читаю Библию? Зачем стараюсь служить везде, где только можно? Зачем пощусь? Что меня ко всему этому побуждает? Каково состояние моего сердца? Зачем я езжу на всевозможные конференции? Чего я пытаюсь добиться?»

Вам кажется, что я говорю, будто не нужно молиться, поститься или служить? Нет же. Я лишь упираю на состояние сердца при всех наших делах.

Мы должны раз и навсегда усвоить, что Крест – наше всё. Это единственное, что необходимо человеку для святости. Можно подумать, что такой взгляд даёт нам право растянуться на диване, ничего не делать и просто наслаждаться своим совершенством. Не совсем так, но мы разберёмся с этим вопросом на последующих страницах.

Нам необходимо вернуться к основополагающим истинам Божьего Слова, признав, что во Христе мы ни в чём не имеем недостатка. Мы совершенны благодаря подвигу Иисуса Христа на кресте (Кол 1:28–29). Имейте веру, чтобы принять эту истину.

Наше спасение на сто процентов обусловлено верой и на ноль процентов – делами. Разве это не удивительно? Просто так, даром, безвозмездно (Еф 2:8).

Он возлюбил нас до того, как мы полюбили Его (1 Ин 4:10). Он нашёл нас до того, как мы взыскали Его. Иисус любит нас так сильно, что никакие наши действия не заставят Его любить сильнее. И никакие наши действия не вынудят Его любить нас меньше. Христова любовь излита до предела.

Куда бы ты не побежал, слишком далеко убежать не удастся. Мне очень нравится песня «Багряное море»; моя любимая строка: «Там, где много греха, Твоя милость – в большем избытке»[20]. Как же это прекрасно! Ошеломляющая истина.

«Но там, где умножился грех, возникло и изобилие благодати, чтобы как грех царствовал и вёл к смерти, так и благодать царствовала в праведности, ведущей к вечной жизни через Иисуса Христа, нашего Господа» (Рим 5:20–21). Мы даже не можем притязать на то, что справились с решением последовать за Иисусом. Ведь это Его доброта поставила нас на колени, чтобы мы признали Его Спасителем: «...Божья доброта ведет тебя к покаянию» (Рим 2:4).

Он внушает нам желание читать Библию, молиться и служить. Даже в этом мы не можем утверждать, что нами двигала наша нравственность. Всё дело в благодати.

Билл Джонсон выражает это следующим образом: «Желание сердца взыскать Бога вкладывается Самим Богом. Как и все желания, оно не возникает по требованию Закона или по принуждению, а скорее растёт внутри, когда мы открываемся Божьей природе»[21].

Надеюсь, эта мысль вернёт ваше богословие на верный путь и поможет смотреть на христианство как нечто более простое и доступное, чем нам часто кажется.

Иногда, читая Библию вечером, я чувствую сонливость. А потом вдруг обнаруживаю, что захрапел прямо с ней в руках. Раньше это меня расстраивало. «Прости, Господи, я снова уснул. Я неисправим».

Мне нравится объяснение Билла Джонсона. Он говорит примерно так: «Когда ребёнок засыпает у меня на руках, это лучшее чувство в мире. Бог испытывает нечто похожее, когда мы засыпаем, молясь или читая Его Слово».

Я бываю на всенощных молитвах нашего региона, и мне нравится, как они проходят. Некоторые люди приходят сразу с подушками и пледами. Иногда бывает, что в самые святые моменты, пока один человек пророчествует, другой сладко спит в полушаге от него.

Религия никогда не позволяет ничего подобного. Она осудит спящих и сочтёт тех, кто прихватил подушку и одеяло, плотскими – пожалуй, даже хуже, чем ученики в Гефсиманском саду. Те, по крайней мере, не притащили с собой спальные мешки.

Глядя по сторонам во время таких молитвенных собраний, я переполняюсь радостью, зная, что Небесный Отец удивительно добр. На самом деле, уснуть в Его присутствии – это несказанное удовольствие. Найдите группу молитвенных воинов, далёких от религиозности, и попробуйте сами. Вашу душу заполнит Божий шалом.

Вы же помните, что Самуил спал рядом с ковчегом завета. А вдруг он ворочался во сне и ненароком прикасался к нему? Он ведь должен был из-за этого умереть, верно? Вот мои дети во сне уподобляются «святым трясунам» с Азуза-стрит. Когда я разрешаю кому-нибудь спать у себя в постели, то просыпаюсь весь побитый. Самуил же был ребёнком. Он работал и отдыхал в Божьем присутствии.

Религия нам не нужна. Нам нужен Иисус. Иисус с религией не пересекаются. Бог не религиозен.

Иногда мы изо всех сил занимаемся служением Богу и допускаем оплошности. После чего начинаем корить себя: «Как-то я неправильно помолился. И вообще напортачил – не сказал в конце "во имя Иисуса". Вот же опозорился!»

Но я снова черпаю утешение в словах Билла Джонсона, который поясняет, как Отец берёт огрехи служения и, так сказать, прилепляет на Свой холодильник, словно рисунок любимого чада. Эта мысль растапливает моё сердце.

У меня четверо детей и все любят рисовать. Однажды моя вторая дочь, Наоми, позвала меня, чтобы я бежал смотреть её последние творения. Я подошёл и с изумлённым восхищением вопросил:

– Ого, милая, какая красота! Это собака?

– Нет, папочка, это ты.

– О, я даже не подозревал, что у меня уши растут на верху головы!

Знаете, где этот портрет висел в течение трёх недель? На холодильнике, где все могли его лицезреть.

НЕПРИЕМЛЕМАЯ ЛОЖЬ

В Быт 50 изложена жизнь сыновей Иакова. Когда Иаков умирал от старости в Египте, все его сыновья собрались и отправили депешу Иосифу. Они боялись лично обратиться к высокопоставленному брату и писали: «Перед смертью отец оставил такие наставления: “Вот что вы должны сказать вашему брату Иосифу: «Я прошу тебя простить твоим братьям их вину и грехи, которые они совершили, поступив с тобой так скверно».” И теперь, пожалуйста, прости грехи рабов Бога твоего отца» (Быт 50:16–17). Это была ложь.

Получив такую весть, Иосиф заплакал, поняв, что они лгут. Он был рядом с отцом, когда тот умер (Быт 46:4). Иаков мог бы сказать ему это лично. Минуло, вероятно, больше сорока лет с момента воссоединения семья в Египте. Иосиф давно простил братьев, ещё в самом начале. И всё же они не могли поверить в свою удачу все эти годы.

На протяжении несколько десятилетий Иосиф обеспечивал всю свою родню. Позвал их в Египет, спас от голодной смерти, выделил лучшую землю, обеспечил их благосостояние. Несмотря на всё это, братья так до конца и не поверили, не приняли искреннее прощение Иосифа.

Точно так же ведём себя и мы, пытаясь доказать Богу, что мы во многих отношениях довольно хороши. Поступая так, мы показываем, что так до конца и не приняли факт Его безоговорочного прощения. А доказывать-то и нечего. Бог сделал нас святыми. Он искренне принял нас. Он сделал для нас всё. Нам не нужно силиться, доказывая что-либо – нужно только принять.

Благодаря Кресту, наши разбитые жизни снова стали цельными. Бог не видит никаких пороков в вас. Когда вы снова и снова просите Его простить один и тот же грех, Бог даже не понимает, о чём идёт речь. «Ведь Я прощу их беззакония и больше не вспомню их грехов» (Иер 31:34).

Иногда мы можем похвастать лучшей памятью, чем у Бога, и продолжаем бичевать себя: «Пожалуйста, прости меня, Боже, умоляю!» А Бог отвечает: «За что? Я вообще не понимаю, о чём ты толкуешь!»

Иисус плачет – точь-в-точь, как заплакал Иосиф. Он отдал всё, оставил славу неба, был обезображен ужаснее, чем какой другой человек. Он пролил кровь по дороге на Голгофу, чтобы отменить все проклятия и сделать нас совершенными.

Бог не религиозен.

В Лк 13:34 встречается упоминание, что Иисус заплакал, глядя на Иерусалим. Он плакал, потому что Его народ не хотел принять предлагаемое искупление. Иисус плачет и о Церкви, которая не верит, что Крест – это всё, что нужно.

Было бы неплохо остановиться и поразмыслить, чтобы как следует уяснить, что Иисус завершил подвиг. Добавить нечего. Благодаря Кресту, я могу провозглашать своё исцеление, прощение и освобождение. Благодаря Кресту, я не пропаду, не буду нуждаться, не буду лишён мудрости, не окажусь в одиночестве или депрессии. Всё это благодаря Кресту.

Бросьте попытки попасть на небеса – нужно лишь понять, что небо вы уже носите внутри. «Ибо вот, Царствие Божие внутрь вас есть» (Лк 17:21, СП).

Мы уже посажены на небесах – уже сейчас, а не позже. Что ещё можно к этому добавить? «[Бог] нас, хотя мы и были мёртвыми из-за наших беззаконий, оживил вместе со Христом. Вы спасены по благодати. И Бог воскресил нас вместе со Христом и посадил нас, объединившихся во Христе Иисусе, в небесах» (Еф 2:5–6). А между тем многие верующие тщатся достичь неба, карабкаются изо всех сил.

Помню, посещал одну церковь в городе Калиспелл, штат Монтана. Когда началась молитва, они подняли дикий шум – отчаянно вопия и рыдая. Я на какое-то мгновение даже решил, что началось пробуждение. Но, прислушавшись, я различил слова – они молили Бога: «Господи, молим Тебя, прими нас в святые небеса, чтобы нам хотя бы переступить порог дома Твоего!» Слёзная молитва длилась не меньше получаса.

Но подобные излияния – показатель неверия. Такая молитва посрамляет дело Креста. Именно поэтому Павел с такой горячностью доказывает, что подвиг Христа оказывается напрасным, если кто-то уповает на свои дела.

Некоторые уподобляют путь в небеса лодочной гребле. Одно весло – вера; другое – дела. Невозможно жить только верой, потому что тогда лодка будет плавать по кругу. Но исключительно на дела тоже нельзя налегать, потому что тогда лодка будет крутиться в противоположном направлении.

Какое заблуждение!

Во-первых, никто не добирается в небо на лодке. Во-вторых, одной веры достаточно. Точка.

Леонард Равенхилл говорил: «Христа “бьют в доме любящих Его” прямо сейчас. Священное Писание Живого Бога выносит больше побоев от своих толкователей, чем от своих ругателей»[22]. Очень справедливые слова для современной Церкви. Библия учит: «Веруй в Господа Иисуса, и ты будешь спасён, и твои домашние» (Деян 16:31).

ДУХОВНЫЕ НАЛОГИ

В Евангелии от Матфея есть рассказ о том, как фарисеи спросили Петра, платит ли Иисус налоги. В частности, их интересовала так называемая «подать на храм». Пётр со свойственной ему горячностью от имени Иисуса заявил: «Конечно, платит!», толком не понимая, о чём идёт речь.

Не зарабатывайте любовь. Позвольте любви поработать.

Когда он вернулся домой, то не успел вымолвить и приветствия, как Иисус задал ему вопрос в лоб:

– Симон, как тебе кажется, с кого земные цари взимают пошлины или налог, со своих сыновей или с посторонних?

Пётр, видимо, подумал: «Да что ж такое-то! Этот Сын Божий – ничего от него не утаишь. Откуда Он узнал?!». Вслух же сказал:

– С посторонних.

– Значит, сыновья свободны, – подытожил Иисус. – Но чтобы нам никого не обидеть, пойди к озеру, забрось удочку, вытащи первую рыбу, что попадется на крючок, открой ей рот, и там ты найдешь монету достоинством в четыре драхмы. Возьми её и заплати за Меня и за себя (Мф 17:26–27).

В древнегреческом оригинале текста в стихах 24, 25 и 26 используется слово «платить». Это то же самое слово, которое Иисус произнес, умирая на кресте: «Совершилось». По-гречески это звучит как «Заплачено сполна».

Фарисеи едва ли понимали, что Иисус был владельцем и хозяином храма. Более того, Он Сам был Храмом (Ин 2:21).

Поскольку Иисус принимает всех верующих в свою семью, мы теперь принадлежим к царскому роду. Сыновья и дочери Бога Всевышнего. Мы носим перстень и одежду, полученные от Отца. И никому ничего не должны. Иисус выкупил нас на Кресте, заплатив сполна.

Царские дети не платят налоги. Вы – цари. Более того, священники. Нет никакой нужды трудиться, чтобы заработать то, что и так вам принадлежит: любовь Отца, Его принятие, святость, праведность, наследие, благоволение, изобилие, мир, радость и всё остальное.

Религия заблуждается в том, что заставляет людей трудиться, чтобы заслужить любовь, и в конечном счёте терпит поражение. А вопрос с делами решается, когда дела совершаются из любви, то есть когда действует любовь. Апостол Павел пишет: «Во Христе Иисусе не имеет значения ни обрезание, ни необрезание, и единственное, что решает всё, – это вера, которая действует через любовь» (Гал 5:6).

Если ваша вера не проистекает из любви – грош ей цена.

В жизни есть место и делам, но они должны совершаться из чистой любви. Я молюсь не для того, чтобы быть принятым; я смело *приближаюсь к престолу благодати* (Евр 4:16), приходя к Нему верой. В итоге я хочу трудиться, хочу выкладываться в служении и делать много всего, потому что люблю Его. Я знаю желания Его сердца, Его мечты – и хочу быть тем, кто их воплощает в жизнь (1 Тим 3:3–4).

Вера без дел мертва, но сила в вере, а не в делах. Некоторые до сих пор воображают, что немного дел не помешает. Это, дескать, лучше, чем быть совсем вдали от Бога. Лучше быть немного религиозным, чем совсем неверующим.

Вот что по этому вопросу говорил Павел:

> Вы начали забег хорошо, так кто же помешал вам быть послушными истине? Подбил вас на это безусловно не Тот, Кто призвал вас. *Помните*, что немного дрожжей заквашивают всё тесто. Наша с вами жизнь в единении с Господом вселяет в меня уверенность, что вы не будете думать по-другому, и тот, кто ввёл вас в заблуждение, понесёт своё наказание, кем бы он ни был.
>
> **Послание галатам 5:7–10**

Беда в том, что заблуждение пропитывает сознание, как дрожжи проникают в тесто. Немного дел могут разрушить всю систему веры и ценностей. Даже немного религиозных обязанностей могут привести к отказу от спасения. Совсем немного, и потому это кажется таким безобидным делом. Но чуть-чуть дел – и можно всю вечность провести за вратами небес.

Не пренебрегайте Крестом. На нём висит наша вечная жизнь.

Эти крохи дел могут отвратить целые поколения верующих от Бога и ввергнуть в ересь. Немного тут, немного там – и нагромождается такая высокая гора, что молодёжь в церкви не может рассмотреть Христа за всеми требованиями, которые необходимо выполнить или соблюсти по дороге к святости.

Изначально Бог издал около двухсот постановлений для израильтян. Фарисеи добавили столько, что количество перевалило за шестьсот.

Это может показаться небольшим дополнением. Бывает, это делается ради традиции. Бывает, для того чтобы осчастливить определённый слой прихожан. Не так уж это существенно, как будто. Но разве не существенно то, что религия становится камнем преткновения, который толкает нашу молодёжь в наркоманию, разврат и отвращение к вере?

Именно поэтому Павел так усердно настаивает на важности вопроса. Одно-единственное дополнение к чистому Евангелию в итоге уничтожит всю вероучительную систему.

Дополнение к Божьей благодати всё портит, и те, кто проталкивает его, понесут осуждение. Не позволяйте даже самым крохотным делам закрасться в духовное хождение перед Богом. Если вы только подумаете или скажете что-то о том, что к Богу можно приблизиться посредством дел, кайтесь немедленно.

Не отменяйте значимости Креста. Вся наша жизнь висит на нём. Наша вера зиждется на Кресте.

Тем, кто пытался протащить в Церковь обрезание, Павел предположил нацелиться на более высокий уровень святости. «Пусть лучше те, кто ввёл вас в заблуждение [утверждая, что для спасения необходимо обрезание], отрежут себе всё!» (Гал 5:12). Иначе говоря, если вам кажется, что обрезание крайней плоти делает кого-то более праведным, то почему бы не отрубить всю штуковину, став настолько святым, насколько по-человечески возможно? (Хе-хе. Мне нравится такой ход мыслей.)

А если серьёзно, то церковь, которая проповедует совершенствование человека, учит верующих опираться на дела, – это церковь, лишившаяся Христа. В таком случае христианство становится скорее системой, чем личными отношениями. Пол Трипп отмечает: «Боюсь, христианство в большей мере лишено Христа, чем нам представляется, и, быть может, существование такового обусловлено прежде всего сердечными мотивами, а не провалом в функциональном богословии»[23].

НАПРАСНЫЕ СРАЖЕНИЯ ЗА ГОСПОДА

Царь Саул сражался в Божьей войне. Библия сообщает (1 Цар 14:47), что Саул одерживал победы всюду. Однако уже в следующем эпизоде Саул так сильно ослушался Бога, что пророк Самуил прямо сказал – он поступил неразумно, и предсказал, что правлению Саула будет положен конец, потому что Господь уже нашёл ему замену.

Глупая Церковь не обращает внимания на своё падение и движется вперёд по инерции. Внешние достижения рисуют красочную картину, но внутри царит пустота.

Людям свойственно судить по внешности. Помню, когда-то я был членом церкви, которая только-только завершила постройку великолепного здания. Многие с восторгом отзывались о нём, и мы снискали почёт и уважение в городе. Но люди даже не догадывались, какие страсти закипали внутри.

Победы ничего не значат, если среди нас нет Бога. Что тебе до того, если ты приобретёшь весь мир, а душу свою погубишь? Можно наблюдать, как люди получают спасение, исцеление, освобождение, но что с того толку, если Бога там нет? О, несомненно, сверхъестественные дела можно творить и без Бога.

Царь Саул знал, как поражать врагов, но не понимал, как преобразить сердце. «Многие будут говорить Мне в тот День: “Господи, Господи, да разве мы не пророчествовали от Твоего имени, разве не изгоняли Твоим именем демонов и не совершали многих чудес?” Но тогда Я отвечу им: “Я никогда не знал вас, прочь от Меня, беззаконники!”» (Мф 7:22–23).

Не черпайте свою ценность из дел и свершений, даже если они имеют духовный вес. Ваше самосознание обусловлено завершённым подвигом Креста. Точка.

СЛОВА С ПОДВОХОМ

Я вспоминаю свой визит в прекрасную на вид церковь, где во время служения царила приятная атмосфера. После прославления вышел проповедник, чтобы сказать пару слов перед пожертвованием, и начал разбирать понятие жертвы.

Он говорил примерно следующее: «Жертва Иисуса покрыла наши грехи. Сама идея жертвоприношения очень интересна. Жертвоприношение покрывало грехи – а теперь мы собираемся пожертвовать свои деньги. Итак, когда мы жертвуем деньги, мы по сути покрываем грехи. Аминь?»

Все воскликнули «аминь», за которым последовали шумные аплодисменты. Я посмотрел вокруг, в шоке от того, что никто ничего не заметил. Я вообще не понял, что только что произошло. Вот вы уловили подвох?

Позвольте мне разжевать. Проповедник сказал, что жертва Иисуса покрывает грех. Отлично. Согласен на все сто процентов. Затем он сказал: «Жертвоприношение покрывает грехи». Ну, допустим, можно согласиться, учитывая контекст сказанного чуть ранее. Но видите, как пропало слово «Иисус»?

А потом в тираду вклинилось слово «деньги», и уже вдруг оказывается, что жертвование денег тоже покрывает грехи – в конце концов, это же жертва. Но ведь это явное кощунство. При том, что звучит настолько благовидно и безобидно, что большинство присутствующих среагировали возгласом одобрения и аплодисментами.

Столь откровенная глупость Церкви попирает Крест.

Побуду-ка я паинькой и позволю образованным людям, д-рам Джерри и Кэрол Робсон, сказать то, что думаю сам: «Либо заставьте красноречивых златоустов держаться Слова, либо гоните их из-за кафедры. Божий народ должен очнуться и перестать спонсировать этих агентов сатаны»[24].

ТЫ БЫЛ ХРАМ МОЙ

Хочу поделиться с вами стихом на эту тему:

Ты был храм мой,
Но, как хромой,
Словно немой,
Ты стал бедой.

Ты был мой храм,
А теперь ты, как хам,
Друг ворам и врагам,
Ты идёшь по рукам.

Дай мне три дня,
Моя развалина,
И будет снята вина,
Восстанешь со дна.

Люблю, как любил.
Я всё забыл.
Войду, как входил,
Буду рядом, как был.

ПОБЕДА БЕЗ ЕДИНОГО ВЫСТРЕЛА

Хочу завершить тему глупости Церкви свидетельством из уст моего друга. Он воспользовался благодатью и обрёл себя в Христе вместо того, чтобы полагаться на свои усилия в попытках выбраться из пут порнографии, которая мучила его долгие годы, даже после женитьбы.

Мой друг перепробовал много средств, пытаясь обрести свободу, но ничего не работало. Сила воли? Забудьте. Приложения, которые помогают отслеживать или блокировать посещение порносайтов? Не сработали. Попытки отвлечь внимание? Да как-то не очень. Он родился в христианской семье и был верующим человеком, но порнография сильно вцепилась в него ещё в подростковые годы.

Поворотный момент случился, когда он наконец сдался, признав, что сам не в силах побороть мерзкую привычку. Он постарался вернуться к истокам веры, вспомнив, кто он во Христе, и пережил нечто похожее на то, как блудный сын вспомнил об отцовском доме, находясь со стадом свиней.

Он напомнил себе, что стал новым творением – святым, праведным, безупречным, победителем – во Христе. Заключительное словосочетание ключевое. Вне Христа мы лишены и святости, и победоносности и всего остального.

Очевидно, что в реальности он был всем, кем угодно, кроме объявляемых идеалов. И всё же он решил провозглашать эту истину самому себе. Вслух. И делать это ежедневно.

Хотя он по-прежнему был связан пристрастием к порнографии, он каждый день вставал перед зеркалом и говорил, глядя себе в глаза: «Я – человек Божий. Я чист. Я праведен. Я свободен, потому что где Дух Господень – там свобода».

Мой друг рассказывал, что спустя короткое время внутри у него что-то стало происходить. Соблазн привычки стал ослабевать и мало-помалу стал крошиться и рушиться. Он победил чрезвычайно мощное пристрастие, которое длилось годами, и сделал это силой исповедания.

Он не прилагал усилия, как того потребовала бы религия, а просто поверил всему, что Слово Божье пообещало ему в Иисусе Христе.

Грех современной Церкви – глупость, которая лишает её всякой проницательности в отношении реальности последнего времени, потому что Невеста занята бурной, но показной деятельностью. Церковь старается достичь святости посредством усилий, и тем самым выставляет подвиг на Кресте недоделанным. Глупость Церкви рассеивает её внимание, лишает важнейшей цели – увидеть возвращение Господа.

Вместо того чтобы зафиксировать взгляд на награде, глупая Церковь сосредоточилась на правилах. Она делает много всего для Христа, не желая выяснить, нужно ли Ему всё это. Церковь занята делами, о которых Иисус никогда не просил. Ведь Ему нужно только её сердце. «Сколько раз Я хотел собрать твоих детей, как птица собирает своих птенцов под крылья, но вы не захотели!» (Мф 23:37).

Когда возникает куча правил, которые нужно исполнять, и появляются неудобоносимые бремена, которые якобы помогают привлечь внимание Бога, совсем не остаётся времени на то, чтобы задуматься о каких-то эфемерных будущих событиях. Фокус смещается на «здесь и сейчас». Но истинные верующие не живут сегодняшним днём. Их влечёт вечность.

Будьте бдительными. Не позволяйте религии втереться в доверие. Будьте начеку. Не уповайте на свои силы. Живите в полном и постоянном самоотречении перед Крестом. Служите Богу, исходя из положения, которое вы обрели во Христе, а не ради того, чтобы его обрести.

Оставаясь в Иисусе, уповая на завершённый подвиг Креста, вы будете готовы к славному дню явления Жениха.

ГЛАВА 8

ЦЕРКВИ ОЖИРЕВШЕЙ

ЭТО БУДЕТ НЕПРОСТАЯ ГЛАВА. Она нацелена прямо на современную Церковь в Америке. Если выделить нечто одно, способное помешать Телу Христову подготовиться ко второму пришествию Христа, следует назвать духовное ожирение. Именно оно обездвиживает Церковь, лишает её чувствительности. В таком состоянии процветает леность и беспечность.

Но Иисус возвращается за здоровой Невестой.

Давайте вникнем в эти слова, потому что они изобличают грех духовного ожирения в современной Церкви.

> Братья, я хочу, чтобы вы знали о том, что все наши праотцы находились под облаком и что все они прошли сквозь море. Они все были крещены в Моисея, в облаке и в море. Они все ели одну и ту же духовную пищу и пили одно и то же духовное питие. Они пили из духовной скалы, которая сопровождала их, и скалой этой был Христос. Но ко многим из них Бог не был благосклонен и в конце концов их тела

усеяли пустыню. Всё это служит нам примером: мы не должны желать зла, как желали они.

Первое послание коринфянам 10:1–6

Апостол Павел пишет, что в пустыне израильтяне ели духовную пищу и пили духовное питие. И поясняет, что и пищей, и питием был Сам Христос. Иными словами, Израиль был во Христе, и потому был спасён, так сказать.

Но вот следующее утверждение разрушило моё богословие. Павел пишет, что большинство из них не были угодны Богу, и в итоге их мёртвые тела были разбросаны по пустыне. Вот это удар!

Я-то думал, что, оказавшись во Христе, я могу быть спокоен. Если я во Христе, то дело в шляпе. Однако Павел пишет, что можно быть во Христе и всё равно умереть. Почему? Потому что внимание направлено на плоть, которая всегда несёт смерть. «Помышления плотские суть смерть, а помышления духовные – жизнь и мир» (Рим 8:6, СП).

Слишком многие духовно едят и пьют, забывая «качать» духовные мышцы.

Современную Церковь отличает обескураживающее нежелание двигаться вперёд. Такая обездвиженность и спровоцировала ожирение. Слишком многие духовно едят и пьют, но забывают о духовных упражнениях.

Мы приходим в церковь, где бесконечно наедаемся и напиваемся. Бегаем за новейшими учениями (2 Тим 4:3), ездим по конференциям, смотрим ролики в YouTube, слушаем подкасты, проглатываем книгу за книгой. Я уже говорил про конференции? Современная Церковь обожает конференции.

Если это всё, что мы делаем, то мы ходим по плоти.

Мы должны упражняться духовно, исходя из того, что получили в виде духовной пищи. В противном случае мы просто ожиреем в конец. Нужно практиковать то, что мы слышим в проповедях, и отдавать то, что получаем. «При этом будьте не только слушателями слова, но и исполнителями его, иначе вы просто обманываете себя» (Иак 1:22).

Ох! Можно поглощать уйму всяких учений, проповедей и библейских стихов, оставаясь в не-столь-уж-блаженном неведении. Пора подниматься и браться за дело. Смело рассказывайте и показывайте свою веру. Не время стесняться.

> Кто слушает слово, но не исполняет его, тот похож на человека, который смотрит в зеркало: он посмотрел на себя, отошел и сразу же забыл, как выглядит. Но человек, который постоянно вникает в совершенный Закон, *дающий* свободу, и поступает согласно ему, не забывая о том, что слышал, будет блажен в своих делах.
>
> **Послание Иакова 1:23–25**

Я не раз слышал свидетельства людей, которые впервые заглядывали в церковь после того, как заметили её на *Google Maps*, или обратили внимание на новую рекламную вывеску, или их интерес привлекла архитектура церковного здания. Как ни печально, иногда подобные детали лучше справляются с делом благовестия, чем сами верующие.

Пора подниматься и браться за дело.

Мы можем оказаться непоколебимыми не потому, что такие сильные, а скорее потому, что сердце превратилось в тяжеловесный валун. Пока люди спали, пришёл враг и посеял плевелы (Мф 13:25). «Пока мы устраиваем конференции, посвящённые теологическим загадкам, люди миллионами проваливаются в могильную бездну без Христа»[25], – пишет Леонард Равенхилл.

Многие евангелисты ездят по церквям и конференциям по всему миру, но не многие благовествуют миру. Современная Церковь уже многократно спаслась, однако мы всё равно робеем пойти и рассказать о спасении гибнущему миру.

Духовное ожирение препятствует ожиданию второго пришествия. Оно не способно бодро предвкушать возвращение Христа, поскольку для этого понадобится вернуться в форму. Необходимо внять призыву подняться и выйти из зоны комфорта.

Последние времена требуют преданности делу Великого поручения. Неудобная тема для потребительского христианства, поскольку такое дело требует самоотверженности. «Радостная Весть о Царстве будет возвещена по всему миру как свидетельство для всех народов, и только тогда наступит конец» (Мф 24:14).

Только так мы можем показать Иисусу, насколько рьяно мы ждём Его возвращения. Только так мы показываем, что тоскуем по Нему. Мы дождаться не можем, когда же Он придёт. Начинайте делиться Радостной Вестью, как велел Господь.

Последние времена требуют преданности делу Великого поручения.

Некоторые утверждают, что Иисус не должен возвращаться как можно скорее. Ему следовало бы задержаться, потому что труда ещё много, многим людям необходимо спасение. Звучит благородно, но это совершенно неверно.

Второе пришествие Иисуса станет окончательной победой над сатаной, смертью, грехом и болезнями.

Когда я влюбился в свою будущую жену Наталью, она жила на другом конце света, в Беларуси. Я был студентом колледжа искусств и работал на неполную ставку в местной церкви. Деньги (скорее, их отсутствие) всегда были проблемой, и попасть к Наталье, живущей на расстоянии 8600 км, казалось практически несбыточной мечтой.

Понятия не имею, как, но я добывал всё необходимое, чтобы встречаться с ней каждые полгода, пока мы с ней не поженились. Каким-то образом я решал денежный вопрос (уже и не вспомню, как именно). Ничего не могло меня остановить, потому что я её любил и скучал по ней.

А как же Иисус? Неужели можно говорить: «О да, я люблю Иисуса больше всего на свете! Но Ему следует подождать. Я пока не хочу Его видеть. Чуть позже, пожалуйста». Это называется настоящей любовью?

Не говорите мне, что любите Иисуса, если не хотите встретиться с Ним уже сейчас.

> Потом я увидел ещё одного ангела, летящего посреди неба. У него была Радостная Весть, которая вечна, чтобы провозгласить её живущим на земле – всякому племени, роду, языку и народу.
>
> Бойтесь Бога, – громко говорил ангел, – и воздайте Ему славу, потому что наступил час суда Его. Поклонитесь Создавшему небо и землю, море и источники вод.
>
> **Откровение 14:6–7**

Как же нам нужен этот ангел! Если современная Церковь хочет жить, как жили верные святые на протяжении веков с желанием увидеть пришествие Господа, ей необходимо как следует взбодриться и направиться в мир, чтобы делиться Радостной Вестью.

В разговоре с одним пастором я спросил: «Как растёт ваша церковь? Какие евангелизационные мероприятия вы проводите?» Он безо всякого смущения ответил: «Ничем таким мы не занимаемся. В целом мы сосредоточены на воскресных богослужениях, стараемся, чтобы всем всё нравилось. В итоге, люди просто приходят к нам».

Ещё один пастор мегацеркви в Калифорнии признался, что львиная доля церковного бюджета идёт на то, чтобы сделать богослужения безукоризненными. Они нанимают лучших певцов и музыкантов города. Проповедь всегда увлекательная, с элементами интерактивности. С технической стороны всё вылизано до блеска. Они устраивают шоу, и вот так церковь умножается. К чему какие-то евангелизации?

Воскресные богослужения прекрасны и необходимы, но они не могут быть единственным фокусом, поскольку это совсем не то, к чему призывал нас Иисус. Первое слово Великого поручения – «Идите», а не «Приходите»! Время начать двигаться. Мы заняты многим, но только не тем единственным делом, которое было поручено.

Вернись в форму, Церковь!

СВЯЩЕННЫЕ ИСКУСЫ

Не знаю, как было у вас, а я рос в среде, где церковные хоры играли важную роль. Вспоминаю, как церкви хвалились большими и искусными хорами. Хоровое пение превратилось практически в соревнование – у кого хор больше и певцы лучше.

Такое же отношение существует местами и по сей день. Совсем недавно наша хорошая знакомая, заговорив о церкви, в которую она ходит, подчеркнула, что их хор неподражаем. Это якобы делало её церковь превосходной по определению. Продолжая разговор, она отметила, что без хора практически невозможно ощутить святость поклонения и присутствие Бога.

Что я пытаюсь здесь сказать? Вы удивитесь.

Несколько месяцев тому назад я погрузился в изучение истории гонимой Церкви в бывшем Советском Союзе. Эта тема всегда вызывала у меня живой интерес, поскольку я слышал рассказы и свидетельства из первых уст, от моих родственников, которые были или остаются пасторами. Они поведали немало занимательных историй.

Я и сам ощутил на себе злобные тиски государственной машины, стремящейся уничтожить Церковь – даже в наши дни. Может, я однажды расскажу об этом подробнее, но моя книга посвящена другим вопросам.

Ни для кого не секрет, что во времена Советского Союза было много завербованных пасторов. Они заканчивали семинарии, получали дипломы, учились говорить на языках и даже пророчествовать. А потом отправлялись служить в разные регионы бывших советских республик.

Немногие знают, что советское правительство даже учреждало учебные заведения, приглашая на учёбу молодых и полных рвения верующих. Во время учёбы студентов потихоньку склоняли к тому, чтобы они занимались «нужным» делом – уничтожением Церкви.

Многие соглашались. Некоторые отказывались. Несговорчивые оказывались в трудовых лагерях Сибири, а иногда их участь была печальнее. Цель безбожного государства была до безобразия простой – если не можешь уничтожить Церковь, возглавь её. (Всё это ярко описано в книге Бориса Перчаткина «Огненные тропы».)

Одной из сложнейших для агентов задач было явное усердие Церкви в проповеди Евангелия. Верующие благовествовали, как могли, и церкви росли, несмотря на гонения.

Но дьявол придумал восхитительную стратегию, и тогда свою роль сыграли хоры. (Знаю, вам кажется, что я слегка тронулся умом. Но потерпите немного.) Цель была следующая: занять Церковь внутренними делами и таким образом отвлечь внимание от главной миссии. (Улавливаете мысль?)

Чтобы собрать хор, приходилось привлекать как можно больше людей. Хористам и музыкантам требовалось несколько спевок в течение недели. Итак, хоровое служение увлекло многих ревностных христиан, которые хотели служить Господу, в пение – но ценой отказа от проповеди Евангелия.

Я вовсе не выступаю против пения. Я сам десять лет возглавлял группу прославления. Главная проблема, которую я пытаюсь здесь подсветить, – уход от главной миссии с тем, чтобы сделать её второстепенной. Занятость Церкви подменила исполнение Великого поручения.

Со временем высочайшие приоритеты оказались в самом низу. Церковь увлеклась своими делами настолько, что оставила в стороне молитву и благовестие. Внутренние «движухи» стали куда важнее.

Упражнения в молитве стали уделом стариков. Им не угнаться за хипповыми ритмами группы прославления. Не хватает у них и харизмы, чтобы оказаться в рядах проповедников. А вот молиться где-то в церковных закутках – самое подходящее для них занятие. Ну, в большинстве случаев так кажется.

А евангелизационные вылазки? Можно, конечно, вытолкнуть молодёжь на улицы – вроде того, как ребёнка спихивают в воду, чтобы тот научился держаться на воде. Если выживет – тем лучше для него. А лидеры, которые обязаны уметь плавать и показывать своё мастерство на деле, заняты тем, что разбираются, какие виды рыб обитают в их прудах.

Вдобавок к хорам, в Советском Союзе стали расцветать и многие другие виды деятельности, чтобы занять верующих бесчисленными делами в стенах церковного здания. Хотя намерения были самыми лучшими, многие так и не поняли, что у них отняли Великое поручение.

Что я пытаюсь здесь сказать?

Церковь эволюционировала, и мы осовременились. С хорами практически покончено, но хоровая проблема лишь слегка преобразилась. Современная Церковь остается поглощённой собой настолько, что не находит времени на исполнение поручения Иисуса. Волонтёры так заняты, что практически невозможно дать старт ещё одному служению, особенно столь неудобному, как служение благовестия.

Я просматривал много годовых отчётов мегацерквей и видел, что в среднем только десять процентов бюджета идёт на миссионерство (местное и международное)[26, 27].

Джеймс У. Фрик сказал: «Не рассказывайте мне, как вы расставили приоритеты. Просто покажите, на что тратите церковные деньги, и я расскажу о ваших приоритетах»[28].

Статья в журнале *Medium* бьёт прямо в цель: «Если спросить церковное руководство, в чём заключаются главные интересы общины, можно представить, что ответы будут в следующем ключе: распространять Евангелие, работать над воспитанием и взрослением последователей Христа, помогать бедным и нуждающимся, может быть даже выступать против несправедливости. Но будь это правдой, можно было бы ожидать, что церковные расходы будут отражать такие приоритеты. Так ли это? В ответ звучит громогласное “Нет!”[29]»

Недельный церковный бюллетень современной церковной общины заполнен всевозможными мероприятиями. Среди прочего можно часто встретить уроки музыки, курсы по финансовой грамотности, лидерские встречи, репетиции музыкальной группы, встречи братского совета, даже уроки рыболовства и курсы иностранных языков.

Ожиревшая Церковь наращивает внутреннее потребление, не собираясь нацеливаться на труд вовне. Она с лёгкостью попадает в ловушку социальных сетей с их «лайками», просмотрами и комментариями. Группы прославления тратят бесконечное количество часов на запись очередной песни, чтобы у них был свежий «контент», но отказываются петь на улицах города, потому что на это у них не хватает времени.

Волонтёры жалуются на такую перегруженность церковными задачами, что они не могут участвовать в евангелизационных мероприятиях различного рода.

Современная Церковь так занята массированием собственной спины, что совсем отвернулась от мира, которому призвана служить. Она сама себя исключила из Великого поручения. Чем больше в церкви мероприятий, тем более активной и мощной она кажется.

Но какая разница, если ты делаешь всё что угодно, однако избегаешь той самой единственной обязанности, которую обозначил Иисус? Он задал последователям вопрос: «Что вы зовёте Меня: “Господи, Господи”, а не делаете того, что Я говорю?» (Лк 6:46). Этот же самый вопрос Иисус задаёт и современной Церкви.

Робби Докинз пишет в книге *Ограбление облика: разоблачение сатанинского плана украсть смысл, страсть и силу*: «Задумайтесь об основных ветвях протестантизма, которые утратили свою страсть к благовестию и сосредоточились на добрых делах. Их подход стал известным под названием “социальное евангелие”. Некоторые настолько сильно разбавили Радостную Весть, что Иисус очень редко (если вообще) упоминается с их кафедр. Некоторые общины больше напоминают воскресный социальный клуб, чем Тело Христово»[30].

Мне нравится задавать пасторам вопрос: «Какое видение у вашей церкви?»

Обычно звучит нечто вроде: «Мы стремимся служить так, чтобы люди принимали Иисуса и менялись под действием Его силы!»

Тогда я спрашиваю: «А вы готовы отбросить любое служение, которое не двигает вас к этой цели?»

И вот здесь мы натыкаемся на стену. Многие твердят, что церковь – это своего рода семья, которая, по определению, требует, чтобы всё происходило одновременно. Ну, вы понимаете, дела житейские. Я хорошо понимаю, откуда берётся такое представление. Однако в библейском контексте я не вижу, чтобы Церковь представала перед нами в образе семьи.

Семья состоит из людей, движимых своими желаниями и нуждами. Семья не подразумевает единства. Вы прекрасно понимаете, о чём я говорю, если у вас есть братья и сёстры. Семейная модель в приложении к Церкви не выдерживает критики, потому что это не библейская идея. Звучит жёстко, но позвольте мне объяснить, с какой стороны я подхожу к этому вопросу.

Церковь была создана, чтобы функционировать, как тело, а не семья.

«Теперь я радуюсь в моих страданиях за вас. Я в своём теле восполняю ту меру страданий Христа, которая предназначена мне, ради Его тела, то есть ради Церкви» (Кол 1:24).

Разумеется, мы – чада Божьи. Да, мы братья и сёстры. Каждый из нас – член огромной семьи в Божьем Царстве, где Бог – Отец, а Иисус – наш старший брат. Это невозможно отрицать, поскольку все мы были усыновлены в Божью семью (Рим 8:15).

Мы действительно стали семьёй, напрямую связанной с Богом Отцом и Иисусом. Однако конкретное, безоговорочное определение Церкви – Тело Христово.

Понятие семьи субъективно и отличается от общества к обществу. Оно может сильно разниться от страны к стране. Например, семья в Индии кардинально отличается от американского понятия. Культура «семьи» в России – совсем не такая, как, скажем, в Мексике.

Апостол Павел сознательно называет Церковь телом. Всё дело в том, что «тело» везде понимают одинаково. Оно есть у каждого человека и функционирует у всех одинаково. Понимание, что Церковь – это Тело Христово, объединяет верующих по всему миру, наделяя их одним видением и функцией.

Церковь – Тело Христа. Тело, состоящее из многих разных и уникальных органов, является единым живым организмом. Члены и органы здорового тела всегда находятся в единстве. Семья же, с другой стороны, не обязана быть единой, потому что у всех свои дела и стремления.

> И Он дал одним быть апостолами, другим – пророками, третьим – проповедниками Радостной Вести, четвертым – быть пастырями и учителями, чтобы приготовить святых к делу служения, для созидания тела Христа до тех пор, пока мы все не достигнем единства в вере и в познании Сына Божьего, пока не достигнем духовной зрелости и пока не будем подобны Христу, в Котором полнота совершенства.
>
> **Послание ефесянам 4:11–13**

Дерек Принс называет этот отрывок «картиной полноценной Церкви». И добавляет: «Различные части Тела Христова – это не дела, которые мы совершаем, а то, кто мы есть»[31]. Глубокая мысль.

«Бог всё покорил под ноги Христа, поставил Его, Владыку всего, главой Церкви, которая является Его телом, полнотой Того, Кто наполняет всё во всём» (Еф 1:22–23).

«Итак, вы – тело Христа, и каждый из вас – орган в Его теле» (1 Кор 12:27).

Призываю вас быть бдительными и не позволять себе отвлекаться на посторонние дела. Служить – не значит заниматься всем чем угодно; это значит делать нужное дело. Бог не призывал нас делать всё на свете.

Вэнс Хавнер однажды проповедовал: «Я не верю, что Бог когда-либо хотел, чтобы Церковь пыталась восполнить все нужды своих членов, включая еду, спортивные мероприятия, развлечения и социальную жизнь... Некоторые из этих организаций начинались с мыла, супа и спасения. Но, в целом, со временем становилось всё больше мыла, супа, спорта, шоу и дружеских встреч, и всё меньше спасения. Если бы кто-то сунул блудному сыну миску супа и дал угол с койкой, он мог бы так и не вернуться домой»[32].

УПРАЖНЯЯСЬ В ДУХОВНОСТИ

Моей маме почти семьдесят лет, и она при этом ревностно благовествует. В США она переехала, когда ей было под пятьдесят, но она без устали учила английский, и, хотя знание языка у неё до сих пор хромает, это не мешает ей исполнять Великое поручение. Мама возвещает Радостную Весть везде, где только может.

Однажды, стоя на кассе продуктового магазина, мама глянула на кассиршу и ощутила прилив сострадания к ней. Оплатив покупки, она посмотрела на работницу и задала простой вопрос: «Вы знаете, что Иисус вас сильно любит?» Мне, кстати, всегда казалось, что это уж слишком заезженная фраза. Но нет, ничего подобного – особенно, когда она звучит в нужный момент.

Глаза кассирши тут же наполнились слезами, когда она услышала эти слова. Она сильно обняла маму и искренне призналась, что эти слова попали в самую точку. Поделиться Евангелием может быть настолько просто.

Мой папа – человек Божий. Ему уже стукнуло семьдесят. Он живёт так, что в его жизни всегда есть место молитве, посту и пребыванию в Слове. Он неизменно поступал так в течение многих десятилетий.

Тяжело работая на стройке, он постился каждую пятницу. Все рабочие его бригады знали об этом с первых дней работы. Он не хвастался, но скрыть это было невозможно, поскольку все видели, что он еженедельно пропускает обеденное время. К такому образу жизни он привык. Большинство из его соработников были верующими, и они даже не обсуждали это.

Спустя два года вся бригада присоединилась к отцу в его еженедельных постах. Их вдохновила его жизнь.

Человек, который оставался безнадёжно неспасённым в компании, где работал отец, был не кто иной, как начальник. Он был сыном пастора и отступил от веры много лет тому назад. Мой папа молился за него больше пятнадцати лет.

Не так давно этот бывший начальник позвонил отцу, чтобы поделиться радостной новостью. Вот что он сказал: «Я снова стал верующим. Бросил пить и хожу в местную церковь». Какая дивная весть! Она вдохновляет неустанно молиться. Нет ничего слишком трудного для Святого Духа.

У меня есть приятель-подросток, который молится за всех, с кем сталкивается: на улицах, на работе, в магазинах – повсюду. Однажды он помолился за такое количество людей в супермаркете, что они вызвали на него полицию. Вот это свидетельство о том, кто реально воплощает свою веру в жизнь!

«Ведь всё творение с нетерпением ожидает откровения сыновей Божьих» (Рим 8:19). Люди откликаются на Радостную Вестью. Просто надо ею делиться. Не стесняйтесь. Просто будьте послушны повелению. Это всё, что нужно. Всё творение – не только человечество – ожидает, когда вы откроетесь. Если вы никак не находите дар, который могли бы применить к себе, как насчёт дара послушания?

ВЕДЬМА В САМОЛЁТЕ

Однажды я возвращался домой на ночном авиарейсе после служения в Сакраменто, Калифорния. Просто заскучал, сидя в кресле. Заснуть не получалось, а перед носом не было телеэкрана, чтобы можно было отвлечься.

Повернув голову влево, я увидел даму азиатской внешности лет тридцати. Она вперила взгляд в электронную «читалку». Не знаю, как вы, а я иногда бываю слегка любопытным. Вытянув шею и скосив глаза, я глянул, что же она читает. Вот уж такого я не ожидал.

Каждая страница состояла из коротенького абзаца или двух, за которыми следовала картинка – нечто наподобие эмблемы. Заголовки гласили: «Если вам нужно финансовое благополучие, поговорите с этим ангелом», «Если хотите понравиться конкретному человеку, поговорите с этим ангелом».

Женщина читала абзацы, потом какое-то время медитировала, глядя на эмблему, относящуюся к тексту. Ух ты! Я сразу же понял, что сижу рядом с ясновидицей. Рядом со мной в заполненном самолёте сидит некая ведьма, и мне некуда деваться. *Кто-нибудь, помогите!*

Я понимал, что не случайно оказался рядом с ней на рейсе самолёта без телеэкранов в подголовниках кресел. И точно знал, что не могу оставить это просто так. Но мне ужасно плохо даётся начало разговора. Глубоко внутри я безнадёжный интроверт, и одно из самых сложных для меня занятий – знакомиться с людьми. Как мне заговорить с ней?

Лично мне в таких ситуациях помогает Святой Дух. Если не знаю, с чего начать беседу, я прошу Святого Духа открыть что-нибудь про того человека с помощью слова знания. А получив от Него ответ, я чувствую себя обязанным донести его до сведения нового знакомого. Кроме того, всегда интересно, правильно ли я расслышал голос Духа.

Итак, я спросил Святого Духа: «Что бы мне следовало сказать этой даме?» В тот же миг, во время мысленного обращения к Духу, я почувствовал головную боль. Было ясно, что это не приступ мигрени, а действие слова знания. Ладно, теперь у меня было нечто, способное подтолкнуть меня к разговору.

Я открыто повернулся к своей соседке и прервал её чтение.

– Простите, это может прозвучать довольно странно, но иногда я слышу Божий голос, и мне кажется, Он только что сообщил, что вас мучает головная боль. Это, случайно, не так?

На лице женщины возникло озадаченное выражение, после чего она ответила:

– Если честно, то да, так и есть.

Я был счастлив! Не тому, что у неё болела голова, разумеется, а тому, что верно распознал Божий голос и на сей раз не выставил себя дураком. Но женщина продолжала:

– Ух ты, я никогда раньше не встречала христианского экстрасенса! Я ведь и сама интересуюсь духовными вещами.

Да кто бы сомневался, подумал я.

После того как я за неё помолился, она почувствовала, что боль утихла. Мы продолжили беседу, и она призналась:

– Друзья меня не понимают, но я занимаюсь духовными практиками и могу видеть духовных существ. А ещё часто разговариваю со своими умершими родственниками – дедушками и прадедушками.

Тут я чуть-чуть запаниковал: *О нет, это гораздо хуже, чем я себе представлял. Как мне из этого выбираться? Господи, дай мне знак!* Но вслух сказал:

– Вы когда-нибудь разговаривали с Иисусом?

– Нет, даже не задумывалась об этом, – ответила она.

– Вам определённо стоило бы попробовать.

Спустя какое-то время наш самолёт благополучно приземлился в ветреном Портленде. Покидая самолёт, мы продолжали беседовать на тему духовности, пока не вышли из аэропорта.

Она заинтересовалась моими взглядами, хотя из её слов я понял, что она гораздо дольше увлекалась духовными практиками, чем я.

В итоге я сказал своей собеседнице:

– С Иисусом я разговариваю, потому что Он – самый главный; Он– высшая сила и владыка над всеми духовными сферами. Я не хочу болтать со всякой мелкотой, когда самая важная личность во всей Вселенной с радостью встретится и поговорит со мной. Когда вернётесь домой, постарайтесь обратиться к Иисусу. Посмотрите, что случится.

Я уверен, что Иисус пришёл к ней. Если она могла вынудить своих мёртвых предков являться на её призывы, то Иисус точно появился. Во-первых, Он не мёртвый. Во-вторых, Он её любит и всегда откликается на голос тех, кто к Нему взывает. Той ночью я молился, надеясь, что наш разговор был Божественной «ловушкой» ради её спасения.

Так что давайте-ка упражняться в духовности. Нам нужно стать делателями Слова!

ИСЦЕЛЕНИЕ УЖАСНОГО АРТРИТА

В другом случае мы с женой и сестрой из церкви отправились в местный торговый центр, чтобы молиться за людей, заставив себя выйти из привычной зоны комфорта. Особенно это касалось меня, поскольку я – тот ещё интроверт. (Я уже говорил об этом, верно?)

Подходить к незнакомым людям сперва кажется очень трудным. Словно в холодную воду входишь. Особенно непросто у нас на Северо- западе страны, где люди более холодные, закрытые, склонные держать дистанцию. Но как уж есть. После того, как попробуешь два-три раза, становится попроще.

Мы помолились за нескольких людей без видимых результатов, но решили всё же добиться чудесного проявления. Ходя туда-сюда, мы зашли в магазинчик, в котором пожилая женщина продавала лосьоны и всякое такое. На вид ей было далеко за пятьдесят.

Первым делом мы поделились с ней Евангелием. Она сказала, что верит в Бога. Вроде адвентистка седьмого дня или что-то вроде того (не помню, если честно). Тогда я поинтересовался, не страдает ли она от болей. Она тут же воскликнула:

– О да! У меня же артрит. Мне жутко болит шея, и очаг болезни даже спровоцировал вот такую опухоль.

Ага, выпирающую шишку нельзя было не заметить.

– Вы не позволите нам помолиться, чтобы Иисус избавил вас от неё? – спросил я.

– Конечно! Но вы же понимаете, что это неизлечимая болезнь, верно? – уточнила она перед тем, как я начал молиться.

– Да, знаю. Но вы же понимаете, что для Бога нет ничего невозможного?

Я положил руку на опухоль и вместе со своими спутницами помолился простой молитвой, повелевая артриту убираться из тела женщины. Мы молились трижды, предлагая даме проверить себя и сказать, не стало ли ей лучше. Она заметила некоторые улучшения, но мы решили проявить духовное упорство и настояли на том, чтобы совершить молитву ещё раз. Во время этого «подхода» я почувствовал какое-то движение под рукой. Большой бугорок, вызванный артритом, словно растворился, и женщина была свободна от ужасного недуга.

О, взгляд в эти широко распахнутые глаза в такие моменты всегда бесценен! Подобная реакция свидетельствует об открытом сердце, готовом принять Радостную Весть.

– Вас исцелил Иисус! – сообщил я даме, объясняя, почему ей стало намного лучше. – Он вас сильно любит и жаждет личных отношений с вами. Он всегда будет рядом.

Я успокоил её, потому что она никак не могла перестать щупать шею, впервые за много лет не чувствуя болезненного образования.

Хвала Богу! Не заставляйте Его ждать, пока мы наконец поднимемся и посвятим себя исполнению Великого поручения.

ЦЕРКОВЬ ИЛИЯ

Не станем повторять ошибок, которые израильтяне совершали в пустыне. Не станем повторять ошибок коринфской общины, которые она совершала, утратив рвение в Божьих делах. У нас есть наглядный пример того, что случается с теми, кто не стремится заняться тем, к чему призывает и подталкивает Господь.

> **Посвятите себя исполнению Великого поручения!**

Церковь в Силоме была под началом тучного священника по имени Илий. Его мало волновала необходимость исправлять худые дела лидеров (которые были его сыновьями). Он не проявлял особого рвения к тому, чтоб заботиться о доме Божьем согласно Закону (1 Цар 3:13).

Рассуждая над этим библейским эпизодом, Дэвид Вилкерсон в одной из своих проповедей пришел к умозаключению: «Бог показывает, как Он судит зацикленную на себе, человекоцентричную церковь. Он отринул жилище в Силоме, скинию, в которой обитал Он средь них (Пс 77:60). Бог полностью оставил жадную церковь, отняв Свою славу у отпавшего от веры дома Израилева. И осудил её, начертав "Ихавод" над дверью той церкви»[33].

В одной из проповедей Дерек Принс вспоминал чьё-то меткое высказывание: «Кто-то сказал, что если хочешь узнать лучший ресторан в городе, спроси местного пастора. И ведь не поспоришь – что правда, то правда»[34]. Мало что изменилось со дней Илия, надо полагать – во всяком случае, с недавнего времени, когда говорил Принс. Леонард Равенхилл низводил пламя на землю, провозглашая: «Боюсь, Павел с жалостью и неподдельным сожалением смотрит на нашу немощную веру. Я иногда говорю, что настало время худосочного богословия и тучных проповедников»[35].

Мы заявляем, будто верим всему, что говорит Библия, но при этом выбираем, как мы готовы откликнуться на её слова. Необходимо избавиться от всякой скверны, а потом идти и делать то, что делал Иисус. Проповедуйте Евангелие, больных исцеляйте, бесов изгоняйте, мертвых воскрешайте. И даже не думайте говорить, что чудеса остались в прошлом.

Однажды приятель сказал мне, что дары исцеления и пророчества утратили свою актуальность в наши дни. Я возразил: «Зачем же тогда они описаны в Библии? Разве всё Слово Божье целиком не выходит за рамки времени и действует всегда, поскольку Бог неизменен?»

Он ответил, что примеры чудес в Библии были необходимы для раннехристианской Церкви, поскольку у них не было Библии. У нас же Библия есть, и потому нам чудеса ни к чему. (Допустим, но, будь так добр, покажи мне стих, где так и сказано.)

Я ответил: «Но эти рассказы и есть Библия. Вся Библия – это Слово Божье, а Слово Божье – это Иисус. Ты пытаешься сказать мне, что некоторые части Иисуса отмерли и в них больше нет жизни? Почему бы тогда не вырвать все страницы, которые предназначены не тебе? Тебе они всё равно ни к чему».

Иисус неизменен, и никто не мог Его удержать. Весь Новый Завет опирается на Ветхий и подтверждается им. Если угодно, Новый Завет – это комментарий к Ветхому Завету. Предназначение последнего заключалось в том, чтобы подвести нас к новому веку. Если мы станем выбирать и решать, что имеет смысл сегодня, вся наша вероучительная система рухнет. Если ваша жизнь не соответствует Слову, проблема вовсе не в Библии. (Полагаю, вы догадываетесь, в ком проблема.)

Как Ветхий Завет не утратил своего значения до сего дня, так и Новый Завет. Исключений нет. Иисус дееспособен и сегодня; всё, что Он делал во время земного служения, служит нам примером. Он показывал, что мы можем делать с Его силой сегодня.

Не позволяйте ущербной риторике завладеть вашим (и всеобщим) вниманием. Она приводит к самодовольству и застою, которые лишают нас ревности по Божьему делу. Если не быть начеку, легко перестать двигаться и быстренько обрасти жиром.

В отличие от Илия, Иисус Сам старательно присматривал за Своим домом, даже когда такая забота вынуждала Его взяться за плеть. Марк Сэйерс отмечает: «Нам необходимо великое пробуждение, чтобы христиане стали влиятельными, выйдя из-под влияния»[36].

Иисус скоро вернётся. Он знает, как выглядит Его Невеста. Пришло время переосмыслить жизнь, убеждения, традиции и служения. Необходимо сосредоточить всё внимание на стремительно приближающемся Дне Господнем.

Во время кризиса COVID-19 мегацерковь под пасторством Джейсона Лозано значительно выросла, вопреки всем ожиданиям. Многие церкви закрылись, обанкротились и опустели. Но церковь Лозано оказалась чрезвычайно эффективной в ужасно трудное время, благодаря подходу к ученичеству, основанному на модели ранней Церкви.

В интервью Владу Савчуку Лозано делится своими выводами: «Когда ударил коронавирус, мы подготовили церковь к гонениям. Мы не стали готовиться к атаке вируса. Мы даже не могли собираться по домам... В итоге у нас случился взрывной рост благодаря встречам в Zoom. От трёх тысяч, собирающихся по группам каждую неделю, до более шести тысяч трёхсот. За время эпидемии мы удвоились». В итоге он приходит к выводу: «Вот на что способна сила ученичества в церкви»[37].

Вести «сделочную» церковь легко. Похоже на проезд через окошко уличного заказа в Макдональдсе – ухватил свою снедь и погнал дальше. А если задержишься, будешь мешать остальным ожидающим в очереди и заставишь их ворчать.

А вот строить церковь по модели ученичества совсем не просто. Поглощает много времени. Приходится закатать рукава и продираться сквозь бурьян людских жизней. Но если отложить личные амбиции, то можно черпать много радости от тяжёлой работы, потому что видишь плоды своих трудов.

Становитесь активными. Упражняйтесь в вере. Не позволяйте плоти втереться в доверие и руководить вашей жизнью, как это случилось с израильтянами. У них была вся необходимая духовная пища и питьё, и всё же они оказались неугодными Богу и пали в пустыне.

Займитесь правильным делом. Если вас затянут какие-то дела, которые помешают служить Богу в молитве, а людям – посредством исполнения Великого поручения, вы окажетесь обманутыми. Это быстро вызовет самодовольство и духовное ожирение, превращая вас в бесполезную тушу.

Идите и делайте учеников. Воплощайте свою веру в жизнь. Праведные дела приготовят вас к брачному пиру Агнца. Из них и получится свадебное платье Невесты. Стремясь к жизни по Духу, вы сможете угодить Господу и обнаружите великую награду на небесах.

«Когда Сын Человеческий придёт в славе Своего Отца, окружённый Своими ангелами, тогда Он воздаст каждому по его делам» (Мф 16:27).

ГЛАВА 9

ЦЕРКВИ СПЯЩЕЙ

ГОДА ДВА ТОМУ НАЗАД МНЕ СТАЛИ СНИТЬСЯ СНЫ – целой серией. Все они были об одном и том же. Желая привлечь моё внимание, Бог обычно именно так и поступает, потому что я не всегда серьёзно отношусь к снам. Но будьте уверены: когда один и тот же сон повторяется больше пяти раз, необходимо серьёзное отношение. Когда это происходит, я сдаюсь: «Прости, Господи. Теперь я слушаю».

В этой серии снов я видел стремительно надвигающиеся волны-цунами. Они были огромными – выше небоскрёбов. Помимо цунами в моём сне были военные корабли. Я видел, что дело связано с войной. Пока происходила вся эта суматоха, я видел большое количество людей, которые не обращали никакого внимания на то, что творилось вокруг.

Некоторые даже не повернули голову к нарастающим на горизонте цунами. Другие, казалось, были в каком-то забытьи: дома, на отдыхе, даже неся службу на военных кораблях.

Я понимал, что от таких огромных волн ни за что не спастись. Они росли всё выше и выше и как будто собирались накрыть весь земной шар. Было ясно: если никто не поймёт, что миру грозят цунами, будет слишком поздно. Если бы кто знал о катастрофе заранее, возможно, у него был шанс спастись.

После этих снов я рассказал жене, что следующим глобальным событием после COVID-19 будут военные действия. Не успели мы и глазом моргнуть, как в Украине вспыхнула война, которая затронула практически весь мир.

В одном из моих снов цунами накрыла целый город. Даже небоскрёбы оказались под водой. Волна так и не схлынула, и людям пришлось приспосабливаться к жизни в новом мире, оказавшемся под водой. Я видел людей в тренировочных лагерях, которые учились сражаться с морскими чудовищами, ставшими частью подводной экосистемы. Эти монстры напомнили мне Левиафана – дьявольское морское чудовище, воюющее против Церкви и народа Божьего.

Эти сны многократно подтверждались другими верующими, которые видели похожие видения. Я слышал многих известных проповедников, которые пророчествовали то же самое. Надвигается новая реальность. Скоро произойдёт великий сдвиг, который потребует истинной веры, чтобы жить победной жизнью. В будущем не будет места половинчатости.

Я намерен бить в набат. Молюсь, чтобы эта книга помогла хоть кому-нибудь очнуться. Оглянитесь вокруг! Перестаньте спать на ходу, представляя, что жизнь вернётся в привычное русло. Не обманывайте себя! Духовная дремота – чрезвычайно опасное состояние, и я не могу молчать.

ВЕЛИКОЕ ОТПАДЕНИЕ

Дерек Принс пишет в книге *Как молитва и пост влияют на историю*: «Церковь стоит как барьер, мешая воплощению наивысших сатанинских амбиций, ибо он мечтает захватить владычество над всем миром»[38].

В попытках снести этот барьер дьявол спровоцирует великое отступление от веры в Церкви Божьей.

> Что касается прихода нашего Господа Иисуса Христа и того, как мы будем собраны к Нему, то мы просим вас, братья, не спешите верить всему и не тревожьтесь ни от какого духа, слуха или послания, якобы написанного нами, о том, что День Господень уже пришел. Смотрите, чтобы вас никто не ввел в заблуждение никаким образом: День этот не придёт до тех пор, пока не произойдет отступление от Бога и не откроется человек беззакония, осужденный на погибель.
>
> **Второе послание фессалоникийцам, 2:1–3**

Всё это – часть сатанинского плана проломать стену, которая сдерживает его. Эта стена – живая Церковь.

«Теперь вы знаете, что сдерживает этого человека, не позволяя ему открыться до того, как настанет его время. Тайная сила беззакония уже в действии, но сначала должен уйти с дороги тот, кто пока ещё её сдерживает» (2 Фес 2:6–7). К сожалению, многие верующие уступают давлению, воплощая предсказанное в конце времён отступление от веры.

> *Приход беззаконника* – это дело сатаны. Оно будет проявлено в использовании разнообразных сил, в ложных знамениях и чудесах и во всяких злостных обманах, которым с легкостью поддадутся люди, погибающие из-за того, что не захотели полюбить истину и получить через неё спасение. Потому и посылает Бог таким людям сильное заблуждение, чтобы они поверили лжи, для того, чтобы были осуждены те, кто не поверил истине и одобрил неправду.
>
> **Второе послание фессалоникийцам 2:9–12**

Мы живём в то самое время, когда происходит отступление от веры. Разумеется, если следить только за теми церквями и служениями, которые горят Божьим Духом, может показаться, что с христианством всё нормально. Но в целом дела у христианства на Западе обстоят совсем худо.

Совместный отчёт организаций по изучению общественного мнения *Pew Research Center* и *General Social Survey* показывает, что огромное количество жителей США, практикующих христианство, уверенно снижается[39]. Религиозность падала с 1990-х, и всё большее количество взрослых определяли свои убеждения как «атеисты», «агностики» или «не определились».

В начале 90-х около 90 процентов жителей США считали себя христианами. В 2020 году христиан в США стало 64 процента. А тем временем тех, кто не ассоциирует себя ни с какими религиозными убеждениями, выросло с 16 процентов в 2007 году до 30 процентов в 2020.

Истина подвергается атакам так, как никогда раньше. Даже многие лидеры церквей, пасторы и епископы начинают сомневаться в основополагающих истинах Библии.

Возможно, мы наблюдаем духовный кризис, который резво увлекает христианство назад, в тёмные века. Только 37 процентов американских пасторов придерживаются библейского мировоззрения[40]. Более одной трети старших пасторов в США убеждены, что можно заработать спасение, если будешь хорошо себя вести[41]. Многие уверены, что на небо ведёт не единственный путь.

Только Божье сверхъестественное вмешательство может оживить духовных зомби.

Некоторые христиане даже учат, что Иисус может и не быть Богом или что Он необязательно был рождён девушкой, не знавшей мужа. Проходя по улицам, невозможно не заметить бесчисленные радужные флаги на церковных зданиях. Недавно я смотрел проповедь баптистского пастора с весомым влиянием на национальном уровне, где он сказал: «Церковь может многому поучиться у геев и трансгендеров». Он приглашает их к себе в церковь, где они и учат. Несложно отметить церкви, которые сотрудничают с правительством ради того, чтобы протолкнуть те или иные политические и культурные повестки. Я мог бы продолжать бесконечно.

Великое отпадение от веры происходит прямо сейчас. Церковь сегодня оказывается либо слишком скучной, либо слишком развлекательной, но никак не достоверной (достойной веры). Мы живём в конце времён.

Джеймс Мэлони пишет: «Уход от веры не обязательно будет явным "отпадением" и отказом от спасения (хотя бывает и так); скорее, обычно случается так, что люди отворачиваются от здравого христианского учения»[42].

В книге *Сосуды для пламени и славы* Марио Мурильо рассматривает состояние Церкви в Америке и приходит к совсем неутешительному выводу:

> Народ Божий постигло умопомрачение, которое стирает границы между священным и секулярным, мешает понять разницу между безотлагательностью и беззаботностью, оставляя нас в кругу людей, которым незнакомы ни жажда, ни тоска, ни даже любопытство по отношению к Святому Духу.[43]

Апостол Павел высказывался на эту же тему так: «Что же? Израиль, чего искал, того не получил; избранные же получили, а прочие ожесточились, как написано: "Бог дал им дух усыпления, глаза, которыми не видят, и уши, которыми не слышат, даже до сего дня". И Давид говорит: "Да будет трапеза их сетью, тенётами и петлёю в возмездие им; да помрачатся глаза их, чтобы не видеть, и хребет их да будет согбен навсегда"» (Рим 11:7–10, СП).

Перед нами картина последних дней. Павел указывает не только на неверующих. В Церкви также зреет великое заблуждение. Апостол называл его духом усыпления, или оцепенения. Это слово подразумевает практически бессознательное состояние, или бесчувственность.

Таким стало состояние сердец. Апостол пишет, что Евангелие было проповедовано, истина неоднократно звучала, но люди не приняли её. Не полюбив истину, они отвергли путь, предложенный Христом. Хотя весть не раз повторялась, они к ней не прислушались, не откликнулись на неё.

ТОЧКА НЕВОЗВРАТА

На каком-то этапе непременно наступает переломный момент – точка невозврата.

Бог полон милосердия. Более трёхсот лет Он был милостив и терпелив к Израилю, прежде чем излил Свой гнев на них. Мне кажется, что Бог прибегает к справедливому воздаянию в самую последнюю очередь. Между тем, в религии это первое и единственное средство.

Когда мы без конца упорствуем, Бог в какой-то момент говорит: «Всему есть предел. Я неоднократно предупреждал. Я пытался разбудить тебя, оживить тебя. Ты никак не полюбишь истину. С Меня хватит, Я ухожу».

На место Бога непременно прокрадывается дух усыпления, или оцепенения. Он несёт с собой мощное наваждение, так что ты начинаешь верить лжи. Посмотрите на современное общество, в котором мы все живём. Вам не кажется, что оно очень похоже на то, о чём мы здесь говорим?

Ложь приходит с умыслом: осудить всех, кто не поверил истине. Она настигает тех, кто вместо любви к истине находит удовольствие в нечестии. Это в равной степени относится к верующим, как и к неверующим.

Я вспоминаю девушку, которая приходила на молодёжные служения, проходящие под моим началом. Покаявшись, она стала очень жизнерадостной христианкой, но как только всплыла тема гомосексуальности, её словно потушили.

У вас никак не получится пропетлять и сказать, что в гомосексуальности нет ничего греховного, но она не хотела с этим соглашаться, потому что многие её друзья принадлежали к этой субкультуре. И вместо того чтобы делиться с ними спасительной вестью о Христе, она отошла от Бога, предпочтя друзей Иисусу.

У меня есть знакомый христианин. Когда его ребёнок сильно заболел, врачи никак не могли поставить диагноз. Мой приятель делал всё, что только мог. Он хороший отец и возил своё чадо к врачам по всей стране, к кому только мог добраться. Он сделал всё, что мог, но ни за что не соглашался привезти ребёнка на молитвенное собрание.

Насколько же мы пали, если молитва больше не рассматривается даже в качестве альтернативы? Молитва превратилась в этакий жест учтивости. А между тем, как можно уклоняться от готовности Бога прийти на помощь, особенно если ты верующий?

Подобные случаи говорят о том, что дух усыпления трудится неусыпно. Любое мировоззрение, согласно которому Иисус не может делать то, что Он делал две тысячи лет назад, ложно.

Перед нами поколение людей, которые следуют за своими чувствами. И это не их вина. Они оказались брошенными на произвол судьбы, где их так вырастила современная культура при попустительстве безучастной Церкви. Эти люди слышали об Иисусе, но так и не стали относиться к Нему всерьёз, потому что для этого требуется самоотречение. А поглощённое самолюбованием христианство ненавидит веру, не ищущую своего.

Можно играть в христианскую игру до тех пор, пока не настанет переломный момент. Я уверен, что Тело Христово на Западе оказалось у самого края, достигнув предела. Сейчас самое время решить, будем ли мы что-то предпринимать.

Не так-то просто сломить заблуждение, вызванное духом усыпления. Глаза есть, но они не видят. Кто-то скажет: «Но я же христианин. Чего тебе ещё надо? Я хожу в церковь, служу, когда просят, даже десятину отдаю. Ты требуешь слишком многого!»

И уши есть, но они не слышат. «Ну чего ты взъелся? Я же здесь, внимаю проповедникам. Кстати, я слушаю только христианскую музыку». Дремлющие уши куда более чутки к демоническим голосам, чем к Божьему призыву проснуться.

Многие погрузились в духовную кому. Кто-то спит с открытыми глазами. И только Божье сверхъестественное вмешательство может оживить духовных зомби. Именно этого я и добиваюсь своей книгой. Я надеюсь достучаться до вашего духа и обратиться прямо к нему.

С помощью Святого Духа мне хотелось бы обойти разум и душу, проникнуть глубже, чтобы достичь духа. Естественно, я и сам склонен противиться вести, которую пытаюсь донести. Временами она бывает особенно сурова и не очень приятна. Однако позвольте заверить: это душеспасительное послание. Мы с вами в одной лодке, и я копаюсь в себе, пока пишу эти строки.

Если мы хотим изобличить дух усыпления, нужно открыто о нём говорить. А потом мы выступаем против и сокрушаем его. Итак, давайте браться за дело!

СИМПТОМЫ БЕСЧУВСТВЕННОСТИ

Перечислим некоторые симптомы, обусловленные духом усыпления, или бесчувствия. Можете отметить, что относится к вам.

1. **Вам хочется спать при чтении Библии.** Я не говорю о том, когда читаешь среди ночи. Но как только вы берёте Библию в руки, вас начинает клонить в сон.
2. **Вам хочется спать во время церковного богослужения.** Воскресным утром вы просыпаетесь совершенно бодрым. Перед тем, как войти в зал, даже пропускаете чашечку кофе, но как только входите, на вас нападает зевота. Никогда не думали, в чём причина? Ведь буквально минуту назад вы были полны энергии. Неважно, кто проповедует, каким бы увлекательным ни был приглашённый спикер, что бы он там ни вещал, вас неизменно клонит в сон. По сцене бегает этакий живчик, пытаясь привлечь всеобщее внимание, а у вас одна и та же реакция – «М-да...».

3. **Вас сковывает равнодушие.** Вы постоянно плывёте по течению, и никак невозможно воспротивиться самому себе, чтобы поступать правильно. Вы не можете заставить себя откликнуться, даже когда понимаете, что следовало бы жить правильнее. Бывает, скажешь что-то в приливе чувств, но на следующий день можешь руку дать на отсечение, что ничего подобного не говорил. Тебе и невдомёк, что ты разговариваешь во сне. Возможно, вы видите всю развращённость окружающего общества, однако реакция одна: «Мне-то что? Это же не моя жизнь».
4. **Духовная жизнь годами не меняется.** Хочу задержаться на этом пункте. Копните чуть глубже, заглядывая в своё сердце прямо сейчас. Стали вы ближе к Иисусу сегодня, чем были вчера? Людей, охваченных дремотой, всегда устраивает нынешнее положение дел. Если что-то не так, они всё равно не станут ничего делать по этому поводу.
5. **Вы неспособны радоваться в общении со святыми.** Поклонение?! Его так трудно вынести. А потом вы возвращаетесь домой из церкви, но дома холод, пустота и безысходность.
6. **Вами владеет скептическое отношение к Божьим действиям.** Вот ещё один яркий показатель. Святой Дух совершает удивительные чудеса: исцеления, освобождения, откровения, но вас это нисколько не цепляет, а лишь вызывает скепсис. Я много раз видел подобное отношение, даже когда Господь исцелял хронические недуги на глазах у людей. Многие остаются невосприимчивыми, их не трогают свидетельства о Божьих чудных делах. Всё потому, что они спят. А иначе чем объяснить, что мы не реагируем на Божьи действия?

Что-нибудь из перечисленного относится к вам? Не стоит оправдываться, дескать: если я и чувствую сонливость, по крайней мере, не пячусь назад. Нет-нет! Пока вы стоите на месте, время бежит.

Возьмите инфляцию. Допустим, у вас на счету двадцать тысяч долларов. Технически, пять лет спустя у вас будут всё те же двадцать тысяч, но их покупательская способность будет ниже. Нельзя просто стоять на месте, необходимо расти.

Не противьтесь правдивым упрёкам и призывам измениться. Пол Трипп предостерегает: «В своей слепоте они стали воображать, что они более праведны, чем есть на самом деле, и поскольку они мнят себя более праведными, то и противятся любого рода переменам»[44].

В Ин 3:16 Бог говорит: «Я отдал за тебя Своего Сына!», а в Откр 3:16 предупреждает: «Если не будешь пребывать в Сыне, я изрыгну тебя вон!»

Леонард Равенхилл укорял Церковь своего времени, проводя яркие параллели:

- В Содоме не было церквей. У нас их тысячи.
- В Содоме не было Библии. У нас их миллионы.
- В Содоме не было проповедников. У нас их десятки тысяч плюс вагон и маленькая тележка.
- В Содоме не было Библейских школ. У нас их по меньшей мере двести пятьдесят. (Сейчас гораздо больше.)
- У Содома не было примеров Божьего суда, чтобы предостеречь их об опасности. Мы же знаем огромное количество таковых[45].

НАДЕЖДА НА ОДЕЖДУ

Не усните! Потерпите меня ещё немного. А пока позвольте обратиться отдельно к женщинам. Прочтём из послания апостола Петра. Он, хоть и мужчина, но поучал женщин, так что, думаю, и мне позволительно.

> Пусть ваша красота будет не внешней, зависящей от пышных причесок, от золота или от роскошной одежды. Ведь

> Бог ценит внутреннюю красоту человека, неувядаемую красоту кроткого и тихого духа. Так украшали себя в прошлом святые женщины, которые надеялись на Бога, повинуясь своим мужьям.
>
> **Первое послание Петра 3:3–5**

Что я пытаюсь сказать, цитируя этот отрывок? Если слишком много внимания посвящать плоти, можно духовно задремать, а то и совсем уснуть. Разумеется, я говорю об навязчивом внимании, об излишествах.

Судя по всему, у Иисуса была прекрасная дорогая одежда, но Он не становился камнем преткновения для окружающих. Это, кстати, важное замечание для некоторых мужчин, после того как посмотришь на некоторых знаменитых проповедников.

Бывает, сидишь где-нибудь, и вдруг чувствуешь, как начинает гулять сквозняк – будто кто-то забыл закрыть дверь. Оглянувшись, понимаешь: неподалёку сидит парочка изысканных дам, и их длинные ресницы очень похожи на перья в опахалах, которыми орудовали слуги фараона. Вот моргнули они разок – и по шее потянуло неприятным холодком. Невольно съёжишься. Бр-р-р!

Ким Кардашьян может одеваться так, как ей заблагорассудится, но Бог ведь не призвал вас быть секс-символом. Вы – Божье чадо, шедевр Творца. Чего ещё можно желать?

«Но я же пытаюсь угодить мужу!» – слышатся иногда оправдания. Если вам нужно поддельное лицо и опухшие губы, чтобы понравиться мужу, предложите ему сначала избавиться от своего пуза.

Иногда я встречаюсь с дамами и не могу понять: они мне руку протягивают или подставляют губы для поцелуя? У них такие раздутые губёхи, что я и вправду теряюсь. И тогда либо стараюсь держаться на расстоянии, либо выставляю свою жену вперёд и прячусь за ней, как за щитом.

Апостол Пётр был вынужден поднимать этот вопрос в раннехристианской Церкви, и он постарался добраться до первопричины. Уже тогда женщины чрезмерно выставляли свою красоту напоказ, что приводило к куда более серьёзным проблемам. Он утверждает, что на самом деле это вопрос надежды.

Давайте начистоту: если вы, как женщина, проводите все эти модернизации внешности и подтяжки лица, о чём вы думаете в процессе, на что надеетесь? Каким было ваше эмоциональное состояние на тот момент? Вами двигала ревность? Страдали от депрессии? Хотелось как-то поднять себе настроение, а то и самооценку в целом?

Пётр писал, что дело в надежде, и мы не должны перескакивать через его слова, стремясь добиться внутренней гармонии. Позвольте Христу стать определяющим фактором вашего бытия – надеждой славы. Не засыпайте. Скорее, пересмотрите свои приоритеты и принимайтесь за дело молитвы. Начинайте ходатайствовать – ваш голос очень нужен. Не зацикливайтесь на внешности; во Христе у вас нет никаких недостатков. Он совсем не такой, как окружающие, и Он не станет судить или принижать вас. А тем временем, если уж и надо кого-то впечатлять, то только Иисуса.

Если уж и надо кого-то впечатлять, то только Иисуса.

Сегодня Церковь отталкивает очень многих людей, и всё из-за внешнего лоска и гламурности. Я много раз сталкивался с ситуацией, когда люди не могли найти себе места в церкви, потому что для этого им пришлось бы улучшить уровень жизни, чтобы соответствовать остальным.

Некоторые дамы боятся показаться в церкви в одном и том же платье дважды, потому что подруги засмеют. В некоторых церквях «евангелие процветания» настолько укоренилось, что, если кто-то приезжает на изрядно подержанном автомобиле и в обычной одежде – ну, костюмчик явно не для воскресного дня, – на них смотрят, как на грешника, изнывающего под проклятием бедности.

Кроме того, в Церковь проникла изрядная доля феминизма. Эта идеология подталкивает многих женщин к отказу от скромности, и тогда у девушек нет хорошего примера для подражания.

Я убеждён, что Бог призывает нас к путям древним. Апостол Пётр советовал брать пример с женщин прошлых времён. Смотрите на Сарру, Ревекку, Девору, Марию вместо того, чтобы очаровываться знаменитостями в Инстаграме и подражать кумирам ТикТока.

Когда Ревекка увидела будущего мужа, Исаака, она прикрыла лицо. В наши дни, когда девушка видит привлекательного парня, она чуть ли не выпрыгивает из одежды с криком: «Возьми меня!». И я не шучу.

Недавно, завернув на заправку, я своими глазами видел, как юная девушка подъехала на машине, опустила стекло и крикнула парню: «Эй, а ты красавчик!» Мне прямо захотелось всыпать ей от души. (Неужели кому-то ещё не ясно, что мы живём в последние дни?)

Иисус – не начало пути. Он и есть Путь.

Апостол Пётр утверждает, что скромность, тихий и кроткий нрав ценны в глазах Божьих.

Многие люди так и умирают во сне. Красивые лица, но мёртвый дух. Наш внутренний человек умирает, если мы живём по плоти. Плоть только на это и способна (Рим 8:6).

Я понимаю, что некоторые мужчины, читая эти строки, хотят вскочить с дивана и громко кричать «Аминь!», ведь я только что подсказал, как сэкономить кучу денег. Но проявите мудрость, если ваша жена рядом. Поблагодарите Господа тихонько, в духе.

Моя жена – прекрасный пример человека, который глубоко укоренился в Христе, и её надежда покоится в Господе. Мы женаты уже одиннадцать лет, и я до сих пор постоянно учусь у неё. Нередко, видя её на пороге доме, когда она куда-то уходит, я спрашиваю:

– Ты куда собралась такая красивая и нарядная?

– За продуктами! – отвечает она. – Хочешь со мной?

– Да я куда угодно с такой красоткой, – неизменно отвечаю я.

Я ни разу не сказал своей жене, как она должна одеваться или что-то в подобном ключе. И она никогда не страдала от комплексов в этой области. Есть на ней макияж или нет, она остаётся прекрасной и знает об этом. В платье или в пижаме – она всегда неотразима. У неё даже уши не проколоты. (Что только затрудняет мои поиски идей для подарков.)

Если вам, мужчины, нужны от жены всевозможные видоизменения внешности, просто покайтесь. Начните говорить ей слова созидания. Укрепляйте её в самосознании чада Божьего. Ни в коем случае не позволяйте себе стыдить её за фигуру или требовать чего-то, чтобы вы могли принять её внешность.

Иисус ни за что не стал бы так поступать, а мы должны любить своих жён, как любит Иисус. Мы должны служить им, как служили священники в храме. Убедите её, что она – самый красивый драгоценный камень на всём белом свете. По плечу вам такая задача?

БРОСАЯ ЖРЕБИЙ О ВЕЧНОСТИ

«Они делят между собой мои одежды, бросают жребий о моём одеянии» (Пс 21:19). Весь псалом – яркое описание Иисуса на кресте. Он висел там, обнажённый, на посмешище всем зевакам, пока его отличные одежды делили солдаты, бросая жребий. Сидели прямо под крестом и забавлялись своими гнусными делишками. Точная картина того, как некоторые верующие ведут себя сегодня.

Они сидят у креста, хватая всё, что Иисус может предложить им. Получив свою выгоду с того, что сделал Иисус, умерев на кресте в полной наготе и бесконечной муке, им и дела нет до Самого Иисуса. Они лишь обогащаются за счёт того, до чего могут дотянуться. Так близко к Христу, и так бесконечно далеко.

Многие наслаждаются преимуществами, которыми их обеспечивает церковь. Воскресная школа для детей, общение, дружеские отношения, прекрасный кофе, живая музыка, позитивная атмосфера. Все эти вещи вовсе не плохи сами по себе, однако если это они служат главным поводом отправиться в церковь, дело плохо.

Люди иногда приходят, чтобы за них помолились, получить исцеление, услышать ободряющее слово, но даже не задумываются о возможности встретиться с Самим Иисусом. А в этом кроется принципиальная разница.

Они приходят к Кресту, чтобы побросать жребий о том, что Бог им даёт. По сути, играют в кости, когда на кону стоит вечная жизнь. Какая трагичная игра!

Невозможно обрести спасение, сидя под Крестом и играя в церковь. Необходимо понести Крест, на котором висел Иисус. Ведь можно быть так близко к Нему, но за целую вечность от Него.

Обнажённый Иисус висел на кресте рядом с оживлённой дорогой, ведущей в Иерусалим, чтобы одеть тебя в праведность. Нас должен привлекать Он Сам, а не Его дары.

Не избавляйтесь с возрастом от Креста. Он слишком дорог. Не ищите более глубокомысленных идей, чем Крест Христов. Вы им спасены. Возжелайте устроиться у подножия Креста на всю оставшуюся жизнь.

Я не хочу переходить на темы, более глубокие, чем Иисус. Иисус – не начало пути. Он и есть Путь. Я не хочу узнавать нечто более эффективное, чем Крест. Это заблуждение.

ЕСЛИ НЕ ХРИСТОС, ТО АНТИХРИСТ

> «Кто не со Мной, тот против Меня, и кто не собирает со Мной, тот растрачивает»
>
> **Евангелие от Матфея 12:30**

Нам часто кажется, что есть нейтральные вещи, которыми христиане могут пользоваться для своего удовольствия. Не обязательно нечто прекрасное, но и не ужасное. Мы очень хороши в том, чтобы находить нейтральную территорию.

Иногда христиане задаются вопросами: «А это грех? Можно ли поступать так или этак? А если сделать так, это будет нормально?» По сути они пытаются спросить: «Как близко я могу подобраться к греху, чтобы при этом не впасть в него?»

Многое из того, что мы делаем, нельзя поместить в категорию греховного, однако и не приносит нам никакой пользы. Поэтому мы приходим к выводу, что всё нормально. Однако Иисус сказал, что если мы не с Ним, то мы против Него. Если мы с Ним не собираем, то расточаем. Другими словами, компромиссный вариант – далеко не всегда нейтральная территория. Он тоже выступает против Иисуса.

Это очень хорошо заметно в проповеди. Когда я слышу проповеди, не сосредоточенные на Иисусе, мной овладевает ревность. Слишком часто мы слышим психологию и философию вместо чистого Евангелия. Идеи и понятия первых далеко не всегда греховны, но и никак не получится назвать их полнотой истины.

Время от времени можно согласиться с выводами психологии, но, если постоянно опираться на неё в проповеди, мы сеем вредоносное семя, не давая места сверхъестественному.

Например, такие слоганы как «Ты сможешь, только постарайся!», «Соберись, и всё получится», «Держи себя в узде!», «Всё в твоих руках!». Ты. Сам. Твои. И вот уже именно они делают тебя хозяином твоей судьбы, а не Бог.

Я однажды сидел на проповеди, в которой проповедник давал следующий совет: он учил, что, вернувшись домой в расстроенных чувствах, следует не выходить из автомобиля сразу, чтобы не срываться на родных. «Посидите в машине, – говорил он, – остыньте, подумайте о семье и всяких приятных вещах, а когда успокоитесь, тогда уже можно и заходить в дом». (Какой позор!)

Боб Ларсон пишет: «Иисус никогда не говорил Своим адептам играть в ментальные игры. Он не учил их добиваться единообразия взглядов ради того, чтобы их эго полностью растворилось. Он говорил ясно и чётко: “Я – Свет миру. Кто последует за Мной, не будет ходить во тьме”»[46].

Проповедь, в центре которой находится самосовершенствование человека, больше походит на мистические учения. Она отталкивает верующего от Христа, тогда как Он не просто лучший помощник, но и единственная подлинная опора.

Доктор Ларсон добавляет: «Для христианина духовная проницательность сосредоточена не в опыте, а в личности Христа. В действительности, просвещение оккультного мистицизма – это мрак, напускаемый дьяволом, который притворяется “ангелом света”»[47]. Если долго внимать проповедникам, которые учат принципу «помоги себе сам», это может разрушить библейское мировоззрение.

Джеремайя Джонсон говорил в проповеди под названием «Рука плоти в Америке!»: «Вот почему ложное евангелие разлетается, как горячие пирожки – ложное евангелие самосовершенствования, сулящее лучшую версию себя. Нам нужно не больше TED-выступлений, а пребывание и общение у престола благодати»[48].

Сегодня нужно решить, чему вы будете служить: евангелию гуманизма, развлечения, самоуспокоения? Или вы не ожесточите своего сердца и повернётесь к чистому благовестию о Боге, которое может по-настоящему преобразить людей и целые народы?

Марио Мурильо писал: «Если самые проницательные умы первого века предпочли отказаться от человеческих усилий в пользу смирения перед Святым Духом, чем оправдаемся мы?[49]»

Леонард Равенхилл отмечал: «Церковь наших дней должна полниться пылким провозвестием, в то время как она зачастую предлагает потускневшую пропаганду»[50].

Если мы не наполнимся страстным желанием познавать Иисуса, нам не удастся выявить разницу между поддельным Христом и подлинным. Так можно и примкнуть к антихристу, за которым многие последуют в последние дни.

Что вы станете делать, когда он, выступив против вас, вооружится истиной? В пустыне, когда Иисус пребывал без пищи, дьявол подошёл к Нему, цитируя Его собственные слова (Мф 4). Современный проповедник может вообразить, что лукавый был самым преданным поклонником Христа. По крайней мере, выглядело всё так, словно он слушал все Его проповеди и запомнил все цитаты.

Но нет, это была война слов между Иисусом и дьяволом. Но как сражаться, когда тебе в лицо бросают истину? Как определить, что ангел света – на самом деле не кто иной, как сам сатана? Нужно не просто знать истину, но и понимать её смысл.

Иисус отражал нападки дьявола, постоянно возвращаясь к сути. Он отлично понимал, как дьявол вырывает истину из общего контекста. Мы должны быть начеку, даже когда бываем в самом немощном состоянии. Это непросто, но именно так одерживаются победы.

Научитесь не полагаться на себя, и вы одержите победу в Господе. «Разве вы не знаете, что дружба с миром – это вражда против Бога?» (Иак 4:4).

БЕЗДЫХАННЫЕ В ПУСТЫНЕ

Рассказ о сухих костях в изложении пророка Иезекииля прекрасно отображает состояние современной Церкви. Вот почему он внушает мне сильную надежду.

> Тогда Он сказал мне: «Пророчествуй этим костям и скажи им: Сухие кости, слушайте слово Господа! Так говорит этим костям Владыка Господь: "Я пошлю в вас дыхание, и вы оживете. Я приложу к вам сухожилия, наращу на вас плоть и покрою кожей; Я вложу в вас дыхание, и вы оживете. Тогда вы узнаете, что Я – Господь"».
>
> **Книга пророка Иезекииля 37:4–6**

Бог спросил, могут ли ожить сухие кости, разбросанные перед взором Иезекииля. Пророк посмотрел на бушующее вероотступничество, на состояние народа Божьего, и понял, что лучше не отвечать так, как он думает. Скорее всего, у него в голове вертелась одна мысль: *Да ни за что! Такого никак не может быть. На этих костях и куска мяса нет – мертвее некуда*. Поэтому он кротко произнёс: «Только Ты знаешь, Господи!»

Да, Господь знает, и он показывает, что надежда есть, и пришло время нам ожить и восстать. Вы можете ощутить дыхание Святого Духа и пробудиться от духовной комы.

Современная Церковь похожа в этом отношении на Белоснежку из известной сказки. Она съела ядовитое яблоко плоти и впала в глубокий сон. И пробудить её может теперь только поцелуй великого влюблённого Принца.

Церковь проснётся, когда Иисус явится и объемлет её пробуждением, ароматом Святого Духа, который приходит с шумом сильного ветра. Я надеюсь, что Церковь, хотя бы остаток Церкви, вскоре восстанет и начнёт двигаться – властно и могущественно.

Недавно во время молитвы я услышал голос Святого Духа, ощутив Его откровение глубоко в своём духе. «То, что вскоре произойдёт, предназначено не для того, чтобы пробудить Церковь. Кто до сих пор не проснулся – значит, тот так и не готов». Эта мысль потрясла меня.

Когда разразился COVID-19, все твердили, что Господь пытается пробудить Церковь. Да, согласен, этот будильник прозвонил. Но вот что сделал каждый из нас – выключил его, отключил на какой-то отрезок времени, чтобы ещё подремать, или проснулся?

Не думайте, что следующий сигнал будет предназначен для побудки. Кто не проснулся сейчас, тот не готов.

Если вы чувствуете обличение, внутренний трепет, может даже страх – значит, Господь стучится в сердце, чтобы стрясти заблуждение, сбросить оцепенение, которое связало вас по рукам и ногам. Настало время покаяться и сказать: «Да, Господи, я просыпаюсь».

Мне нравится то, что делала Френсис Меткалф, основательница Компании «Золотой подсвечник». Это была небольшая группа женщин, которые всю свою жизнь посвятили молитве и ходатайству. На протяжении пятидесяти лет они молились по шесть-восемь часов каждую ночь.

В своих дневниках, опубликованных Д. Мэлони в виде трёхтомника *Дамы золота*, Френсис писала о таком состоянии оцепенения. «Он [сатана] вышел, чтобы воевать со святыми и поразить их... Какая точная картина Церкви в наш час, окружённой и потрёпанной делами дьявола. Пробудитесь! Церковь Живого Бога, ты стоишь лицом к лицу с архиврагом Господа Иисуса Христа. Нельзя! Ты не смеешь дремать в это время. Смириться с сонливостью – значит навлечь на себя неизбежное поражение и вечную утрату в Царстве Божьем»[51].

Предлагаю включить отопление «на полную» и бодрствовать.

В один прекрасный вечер апостол Павел решил проигнорировать правило тридцати минут на проповедь и проговорил далеко за полночь, невзирая на отсутствие микрофона. Человек, отвечающий за освещение, забыл включить более яркий режим, оставив мягкое свечение с приятными отблесками. Количество посетителей вышло за рамки вместимости помещения, поэтому юноша по имени Евтих (имя значит Счастливчик) сидел на подоконнике.

Павел продолжал выступать. Не думаю, что он вопил, как иногда случается с пылкими проповедниками наших дней. Не так-то просто кричать, когда время за полночь. И вот Счастливчик «поплыл», задремал, потом погрузился в глубокий сон и свалился с третьего этажа, убившись насмерть.

Сам того не желая, мальчишка стал образом многих современных верующих. Мне нравится примечание к Деян 20:9 в переводе «Пламенная любовь». Верующие «считают себя “в порядке”, сидят беспечно там, где не следовало бы, погружаются в дремоту, крепко засыпают, а потом претерпевают фатальное падение. Но у Бога есть благодать и сила, чтобы вернуть жизнь даже таким глупцам»[52].

«Смотрите, чтобы ваши сердца не были отягощены разгулом [распитие спиртных напитков и шумное веселье в компании с другими], пьянством и житейскими заботами, и чтобы этот День не застиг вас врасплох» (Лк 21:34)[53].

Иисус предупреждает, призывая к внимательной осторожности по отношению к земным делам. Будьте настороже, чтобы тот День не настал неожиданно для вас. Мы должны ожидать его каждый день, предвкушая возвращение нашего Господа, как Он обещал.

Когда в доме холодно, заснуть тяжело. Но если станет совсем холодно, то можно даже, кое-как заснув, больше не проснуться. Однако и когда дом натоплен слишком жарко, спать тоже невозможно. Я рос в деревне и хорошо помню, как это было. Спальня для мальчишек находилась под чёрной крышей мансардного этажа в доме без кондиционера. Временами я забирался под кровать, чтобы поймать хоть какой-то сквознячок и суметь уснуть. Но с тремя старшими братьями в комнате такая роскошь была недоступна.

Но когда в доме тепло (для меня самая комфортная температура – чуть выше 20°C), в должное время тело мгновенно расслабляется и погружается в приятный сон.

Я предлагаю включить отопление «на полную» и бодрствовать. Не засыпайте. Не ищите комфортного состояния. Молитесь, поститесь, проповедуйте. Делайте всё, чтобы не остыть до благодушного состояния дремоты.

«Собирающий плоды летом – разумный сын, а спящий в пору жатвы – сын беспутный» (Притч 10:5). Мы живём в последние дни сбора урожая. Церковь, спящая в это время, навлекает позор на Небесного Отца. Грустно.

ПОКОЙНОЕ ХРИСТИАНСТВО

На мою жизнь в очень значительной степени повлиял мой тесть, Вячеслав Сонич. Он стал мне настоящим отцом, наставником и настоящим лучшим другом.

В последней нашей беседе, незадолго до его преждевременной смерти, Вячеслав то и дело ссылался на притчу о десяти девах. При этом он говорил с непривычным энтузиазмом. Звучало так, словно он пытался сказать мне что-то, дать подсказку, навести на мысль.

Я делал кое-какие пометки и после его смерти решил, что мне следует погрузиться в изучение этой притчи. В ней должны были таиться какие-то важные для меня мысли.

Вы можете прочитать саму притчу в Мф 25, хотя, полагаю, большинство читателей хорошо с ней знакомо; посему я буду краток. Давайте поразмышляем над текстом.

Слово, описывающее пять неразумных, или глупых дев, в древнегреческом оригинале звучит как *морос* (букв. *тупица*, или *дурень*). По всему похоже, что фразеологизм «сморозить глупость» обязан своим существованием как раз-таки этому слову. Предположу, что Иисус употреблял слово с более сильной смысловой окраской, чем можно прочесть в более изящных переводах Писания.

Тут вы можете замечтаться, вспоминая всех людей, которые подходят под такое описание. Но, пожалуйста, оставайтесь со мной...

Пять глупых дев деградировали, оставшись без масла для светильников, под которым обычно подразумевают Святого Духа. Вот и сегодня можно быть христианами, но при этом христианами-дурнями – если мы живём по плоти, а не по Духу. Верующие «морозильники» и не догадываются, что Иисус придёт очень скоро. Они не планируют заранее, чтобы оказаться готовыми, не проверяют своё состояние, молясь вслед за Давидом, который просил Господа «испытать его».

Если дьявол сможет отвлечь ваше внимание, он сможет и задержать вас. А сумев задержать, сможет и погубить.

Следует отметить, что и глупые, и мудрые девы уснули. Разница в том, что умные проснулись и быстренько привели себя в полную готовность, тогда как глупые не могли ничего поделать.

Глупые девы были и вправду глупыми. Они пытались заставить лампы гореть без масла. Прямо как современная Церковь пытается нести служение, не имея Святого Духа. Столь же логично и последовательно, как форточки на подводной лодке.

> Мегацеркви бурно растут, однако при их расцвете мы наблюдаем величайшее нравственное разложение. Это свидетельствует о том, что лидеры научились церковничать без Святого Духа.[54]

Девы сглупили и тогда, когда попросили масла у других. Отношения со Святым Духом никак не передаются. Необходимо добыть собственный запас масла, вместо того чтобы пытаться жить на чьём-то помазании. Отправляйтесь в тайную комнату и оставайтесь там до тех пор, пока насквозь не пропитаетесь елеем.

Вместе с тем, я собираюсь настаивать, что современная Церковь глупее тех жалких девушек. Позвольте поделиться своими аргументами. Глупые девы:

1. Имели некоторый запас масла.
2. При недостатке, они не стали враждовать или драться с умными, а попросили выручить их.
3. Они не были упрямы, а послушались совета мудрых дев.
4. Они были достаточно смиренными, чтобы признать, что светильники погасли. (Попробуйте скажите нечто подобное другому верующему. Через несколько дней, после того как спадёт припухлость с глаза, вы скорее всего решите переосмыслить свою прямоту.)
5. Они знали, как исправить случившееся недоразумение.
6. Они знали, где добыть масло для светильников.
7. Они вернулись к дому, где был жених.
8. В итоге, они стали такими же, как и умные девы, и были готовы войти на пир.

Вынужден признать, что они неплохо справились. Если бы только церкви в наши дни были хотя бы на таком уровне. Единственная разница между девами в притче оказалась в том, что глупые не успели войти.

Осмелюсь предположить, что дьяволу не так уж важно, что верующие люди верят... пока они опаздывают. Если дьявол сможет отвлечь ваше внимание, он сможет и задержать вас. А сумев задержать, сможет и погубить.

Перед тем как начать брачный пир, Иисус закроет двери. Он не хочет, чтобы торжество прерывалось. Все глаза устремлены на Невесту. Иисус не хочет, чтобы запоздавшие пробирались внутрь, отвлекая и устраивая суматоху.

Как бы то ни было, глупые девы вернулись и попытались присоединиться к празднику. Однако жених глянул в дверной глазок и ответил: «Говорю вам истину: я не знаю вас» (Мф 25:12).

Меня всегда удивляло, как всеведущий Бог говорит, что не знает их. И тогда я стал копаться в оригинальном тексте. Выяснилось, что эту фразу можно перевести как «Я не хочу вас знать».

Приходить с опозданием на столь великое торжество вселенского масштаба – верх неприличия. Совершенно непростительно. Жених был разочарован тем, что пять дев, хотя у них было предостаточно времени на должную подготовку, оказались не готовы к столь важному событию. Глупые девы допустили грубейшую ошибку – они опоздали. Как они могли?! Ведь это не просто очередная встреча, банальная тусовка или деловое собрание – мы говорим о брачном торжестве единственного Сына Божьего.

Вспоминаю случай, когда меня попросили быть шафером на свадьбе приятеля. Кроме нескольких хороших друзей, приглашённых для этой задачи, у него был лучший «друг жениха», который должен был стоять на сцене во время церемонии, а потом восседать рядом во время банкета. За день до свадебного торжества, жених попросил нас отдохнуть и как следует выспаться, чтобы утром следующего дня быть готовыми.

Но лучший друг проигнорировал совет и отправился на вечеринку, где пробыл далеко за полночь. Домой он вернулся очень поздно (точнее сказать, «очень рано»), и, почти не поспав, был вынужден идти на свадьбу.

До сих пор вспоминаю взгляд жениха, который был ужасно расстроен поведением и состоянием лучшего друга. Тот выглядел сонным весь свадебный день напролёт. Настроение у него было никакое, и на большинстве фотографий он получался с полузакрытыми глазами. Его друг-жених был уязвлён столь бездумным поведением перед таким важным днём.

Иисус очень серьёзно относится к Своему брачному пиру. Он готовит его уже давно и хочет, чтобы всё было идеально. В конце концов, такое событие происходит лишь однажды в вечности.

Дьявол напевает колыбельную нашими же устами. Вы возмутитесь: «Да как так-то?» Я рад, что вы спросили. Дьявол напевает убаюкивающую мелодию, когда мы сплетничаем, живём ради тщеславия, поглощены политикой, живём не по средствам, каждый вечер питаемся всякими телешоу, критикуем пасторов и чьё-то служение.

Либо вернитесь к Иисусу, либо Иисус вернётся за вами, когда вы не ждёте. Жизнь непредсказуема. Вам никто не обещает завтрашний день. Игры кончились. Пора очнуться и бодрствовать.

После притчи о девах, в следующей главе Евангелия от Матфея, мы находим учеников в Гефсиманском саду. И они там крепко спят, прямо как те девы. Это ввергло Иисуса в недоумение, и Он озвучил краткий, но чрезвычайно уместный совет для современной Церкви: «Бодрствуйте и молитесь...». После чего добавил: «...чтобы не впасть в искушение: дух бодр, плоть же немощна» (Мф 26:41, СП).

У современной Церкви есть своя коварная женщина. Её зовут Иезавель.

Я теперь понимаю, что хотел внушить мне тесть. Он призывал никогда не переставать гореть, не погружаться в самодовольство и благодушие, не идти на компромисс ценой отношений со Святым Духом, но всегда духовно бодрствовать. Я должен так жить, если хочу увидеть его снова.

Вот что необходимо делать, чтобы не истратить весь елей. Карлос Сармиенто писал: «Церковь прежде всего нуждается в лидерах (*и членах*), которые позволят своим сердцам соприкоснуться с Господом... Однако это невозможно до тех пор, пока сердца этих лидеров (*и обычных членов*) не будут всецело преданы делу Великого поручения»[55].

Далее Сармиенто выделяет три аспекта сердечного отношения, которые Бог подчеркнул в общении с ним: тесная связь с вечным Богом, жизнь по принципам Божьего Царства и безотлагательность последних дней (последний аспект является главной темой его книги; как и моей).

Умирая на кресте, Иисус не положил конец истории искупления. Это была кульминация, после которой история движется к развязке. Мы всё ещё находимся внутри рассказа, приближаясь в процессе к завершению – брачному пиру Жениха.

Цель всей истории искупления – бракосочетание. Момент спасения ознаменовал лишь половину пути. Меня переполняет восторг, когда я думаю, что мы приближаемся к развязке. Мы все, вы и я, играем свои роли в этой самой изумительной драме.

КАК САМСОН, ТАК И СОЛОМОН

Современная Церковь подобна Самсону. Церковь была сильной и способной творить чудеса, воздействуя на весь окружающий мир в первые дни христианства. Но как Самсон влюбился в Далиду, так и Церковь пала перед соблазнами политики, культуры и власти того времени.

Глаза Самсону выкололи (а это, друг мой, похуже дремоты и сна), и он превратился в жалкого раба своих врагов (Суд 16). Церковь, в подобной манере, была ослеплена и порабощена земными властителями того времени, превратившись в систему контроля и манипуляции. Церковь работала на благо государства под предводительством императоров.

Соломон был мудрейшим из людей, как Самсон был сильнейшим. Однако оба, и сильнейший, и мудрейший, пали жертвами слабых женщин с их искусными чарами. Правду говорят, как трава может пробиться сквозь асфальт, так мягкое и сладостное очарование может победить могучих.

Женщины, которых Соломон полюбил, отвлекли его сердце от Бога. Он пошёл вслед иных богов, которым поклонялись его языческие жёны.

У современной Церкви есть своя коварная женщина. Её зовут Иезавель. Иисус напоминает о ней в Откр 2:18, в послании Фиатирской церкви. Во время правления царя Ахава Иезавель выпустила на волю духа тьмы, смешав поклонение Ваалу с поклонением истинному Богу. Она стала олицетворением духа толерантности и компромисса, который учит, что Божий народ может грешить, избегая всяких последствий.

Имея вечную мудрость и полноту силы Святого Духа, Церковь всё ещё попадается на такие приятные соблазны востребованности, компромисса и человекоугодничества.

Под конец жизни Самсона случилось чудо. Его волосы отросли, а с ними вернулось его помазание. Он в последний раз сразился с врагом, и одним махом уничтожил больше врагов, чем за всю предыдущую жизнь (Суд 16:30).

Я рад, что в Библии нашлось место книге Екклесиаста. По крайней мере, из неё становится ясно, что Соломон в конечном счёте вернулся к здравомыслию. В книге Паралипоменон есть намёки на его покаяние, и подытоживая жизнь, он сказал: «Теперь, когда всё было услышано, вот заключение: бойся Бога и соблюдай Его повеления, ведь это всё, *что важно для* человека, потому что Бог приведет каждое дело на суд, включая и то, что сокрыто, будь оно хорошим или плохим» (Еккл 12:13–14).

Примеры этих мужей древности дарят пророческую надежду, что то же самое случится и с Церковью последних дней. Она вернётся к своей первой любви. Политика, богатство, востребованность и другие соблазны перестанут её манить. Она вернётся к тому, чтобы быть целиком и полностью преданной одному Возлюбленному.

Я вижу, как поднимается верный остаток. Такие христиане разрывают оковы религии. Их не удовлетворяет простое хождение в церковь и песнопения. Им хочется большего, настоящего. Они ищут настоящего, живого Иисуса. Они хотят привлечь Небо на Землю, как Библия и обещает. И они готовы платить за это высокую цену.

Ещё больший восторг вызывает тот факт, что они получают искомое. По Божьей милости, которая так щедро разливается в эти последние дни, чудеса умножаются, раковые болезни умирают, оковы рвутся, а тела исцеляются. Это происходит повсюду – просто надо смотреть в правильном направлении. Последние дни будут отмечены великой славой, и я молю Бога о том, чтобы быть частью славного движения. Я хочу потратить свою жизнь на Иисуса, чтобы потом, держа Его за руку, произносить слова супружеской клятвы.

ГЛАВА 10

ЦЕРКВИ БЕСПЛОДНОЙ

Я ПУСТИЛСЯ В ПУТЕШЕСТВИЕ, которое привело к написанию этой книги, после одного сна. В нём я видел, как Церковь изменила Иисусу. Я проснулся с тяжёлым сердцем, чувствуя разочарование и недоумение.

Как это могло случиться? Я попытался отделаться ото сна, но не мог стрясти наваждение. Он меня сильно расстроил. Святой Дух снова и снова напоминал мне, что случилось. Чтение Писания, молитва, откровения других христиан, пророческие голоса современности – всё указывало на одно и то же: Церковь оказалась в очень опасной ситуации.

Я начал изучать эту тему, погружаясь глубже в Слово, и одновременно старался держать каналы духовных чувств открытыми, чтобы уяснить, что хочет сказать Святой Дух. Одно из самых болезненных откровений, от которого я никак не мог отделаться, указывало на то, что современная Церковь бесплодна, не способна родить.

У меня льются слёзы, пока я пишу эти строки. Я люблю Церковь и мне совсем не нравится критиковать её. Но я вынужден повиноваться Богу. Примите это послание открытым сердцем. Позвольте Ему прикоснуться к вам, пока вы читаете эту главу. Я уверен, что мы все способны усерднее проповедовать Иисуса, какими бы близкими к Нему мы себя ни ощущали сейчас.

ДАЙТЕ МНЕ ИИСУСА, ИЛИ ЖЕ Я УМРУ

Первая книга Царств начинается с рассказа об Анне, жене человека по имени Элкана. У Элканы было две жены: Анна и другая, по имени Фенанна. В отличие от Фенанны у Анны не было детей.

Эта проблема часто вызывала у Анны слёзы, особенно когда другая жена её мужа насмехалась над ней – из ревности, потому что Элкана любил Анну сильнее. (Вот вам одна из причин, почему Бог никогда не одобрял полигамные союзы.)

Если в проповеди нет должного внимания к Иисусу, её и проповедью назвать нельзя.

Элкана любил Анну больше, и потому во время приношения жертв выделял ей двойную порцию мяса. Но это никак не удовлетворяло Анну, и она продолжала страдать и рыдать. Муж был не в силах полностью понять её боль. Да и как он мог? У него-то были дети. Болезненным этот вопрос был лишь для самой Анны. Элкана думал, что, преподнося подарки, уделяя больше внимание и выказывая больше любви, он сможет как-то уравновесить бесплодие жены. Но он ошибался.

Ничто не могло подавить желание Анны родить сына. Она была неподкупна. И она ни за что не пошла бы на компромисс. Выходило так, что выхода не было. Прекрасные подарки и проявления нежности не могли унять её нестерпимую душевную боль. Анна хотела ребёнка. Точка.

Рассказ очень хорошо отражает состояние современной Церкви. Но в отличие от Анны, Церковь вполне довольна дарами, полученными ценой Крови Божьего Сына. Церковь без памяти влюбилась во всевозможные побрякушки: удивительные здания, звуковое оборудование по последнему слову техники, популярность в социальных сетях, слава. Марио Мурильо точно подмечает, что мы целиком поглощены «большими экранами, дымовыми машинами и пасторами в обтягивающих джинсах».

Церковь на Западе настолько соблазнилась процветанием, что забыла про Сына. Во многих смыслах Церковь превратилась в индустрию, рынок и коммерческую платформу. Церковь зачастую увлекается и гоняется за самыми модными новинками. Рост Церкви определяется популярностью и одобрением посторонних. Проповедь строится так, чтобы отражать культурные тренды и способствовать отклику людей. Мы придумываем сложные маркетинговые кампании и идём на деловые сделки, только бы удержаться на плаву. Всё это необязательно плохо само по себе, но слишком часто в них отсутствует ключевой компонент, Сын.

«Дьявол хитростью украл наше золото. Мы избавились от массовых покаяний через силу Святого Духа. Сатана подбросил пускающим слюну лидерам косточку – желание создать огромную церковь. Мы заменили пробуждение маркетинговыми трюками и хорошо смазанными механизмами деловых и развлекательных центров»[56], – пишет Марио Мурильо в пророческой книге *Сосуды для пламени и славы*.

Сегодня звучит огромное количество проповедей, в которых Иисус даже не упоминается. А если имя Иисуса и проскакивает время от времени, то всё равно они не посвящены Ему. Тот факт, что в проповедь заталкивают имя Иисуса – по сути, просто ставят галочку, – не делает её христоцентричной.

Многие современные проповеди ориентируются на «тебя». Иисус перестал быть центром внимания. Он служит лишь средством для достижения цели, превратился в инструмент, который может сделать твою жизнь лучше. Замечательно, когда Иисус может улучшить твою жизнь, но если это становится самоцелью, то мы по сути злословим и Его, и открываемую Им истину.

Если в проповеди нет должного внимания к Иисусу, её и проповедью назвать нельзя. В лучшем случае лекция. Мы должны как следует уяснить, что вся эта история с верой – она не о нас с вами. «Ведь всё происходит от Него и через Него, и для Него всё существует. Хвала Ему вовеки! Аминь» (Рим 11:36).

Нельзя бесчестить имя и владычество Иисуса, сводя всё внимание к самим себе. Мы не должны искать Его истину ради своей выгоды, не отдавая Ему свои сердца взамен. Если отношения работают только в одну сторону, это не настоящая любовь. Можно назвать это сделкой.

Есть ли среди нас люди, столь же бескомпромиссные, как Анна? Читая рассказ об этой женщине, я прямо слышал, как она отчитывала мужа: «Да не нужны мне твои подарки! И двойная порция тоже не нужна. Можешь не осыпать меня комплиментами. Дай мне сына!»

Благодарю, Отец, за прекрасные церковные здания. Благодарю за внушительные суммы денег, текущие в различные виды служения. Благодарю за популярность наших общин. Спасибо за толпы ищущих людей. Это всё прекрасно и замечательно, но на самом деле я хочу Тебя. «Заберите себе всё земное, но дайте мне Иисуса!»

Отец не посылает к нам толпы людей во имя успешного менеджмента. Они приходят для того, чтобы можно было провозглашать истину многим людям. Иисус никогда не беспокоился о больших собраниях так, как это происходит в церквях сегодня.

Некоторые даже готовы заявить, что, если за тобой следуют всего несколько человек, ты – плохой лидер. Я же скажу, что всё зависит от того, в какой момент оценивать. В определённое время можно было бы сказать, что из Иисуса получился никчёмный лидер. Он не всегда собирал огромные толпы, а на кресте и вовсе был в полном одиночестве.

Ничто не утолит моей жажды по Иисусу. Я не хочу более многочисленного собрания ценой отсутствия Сына. Он слишком ценен для меня. Я не стану обращать внимания на мнения людей о том, как действует Иисус. Его Дух слишком ценен. Я не поступлюсь истиной, чтобы избежать проблем с законом. Иисус всего того стоит.

«Дай мне детей, или я умру», – в отчаянии крикнула Рахиль Иакову (Быт 30:1). Её слабо утешала мысль о том, что Иаков любит её сильнее, чем сестру. И даже тот факт, что она была миловиднее сестры, совсем не радовал. У неё на уме было только одно.

В древние времена остаться без сына было позором, в отличие от нынешних дней, когда левацкая идеология одобряет аборты и не приветствует рождение детей.

Если Иисус не в центре внимания, то Его вообще нет в пределах видимости.

Но не важно, что СМИ бросают нам в лицо. Слово Божье остаётся истинным вечно. Они могут сколько угодно вопить о перенаселении планеты, но Библия гласит: «Что стрелы в руке воина, то сыновья, *родившиеся* у молодых. Блажен человек, чей колчан наполнен ими. Не постыдятся они, когда будут говорить с неприятелями в воротах *города*» (Пс 126:4–5).

Слово Божье вечно и не уступает постоянно меняющимся убеждениям разных культур. Если Иисус повелел человечеству размножаться, значит всегда хорошо размножаться. Если Бог повелел людям наполнить землю, это значит, что земля способна соответствовать Божьим замыслам. (Но я отвлёкся...)

Вот и Рахиль была похожа на Анну в том, как не хотела успокаиваться. Она ни за что не желала принять тот факт, что останется бесплодной. А между тем многие церкви и даже деноминации не испытывают ни вины, ни стыда по поводу отсутствия Сына посреди них. Иисус не мог больше оставаться там. Погоня за плотью изгнала Его, а никто и не заметил. Иисус не станет делить Свою славу с кем бы то ни было. Он не опустится до того, чтобы занять место рядом с плотью.

«Лицемеры! Прав был Исаия, когда пророчествовал о вас: “Этот народ чтит Меня губами, но сердца их далеки от Меня. Они поклоняются Мне впустую, и их учение состоит из человеческих предписаний”» (Мф 15:7–9). Если Иисус не в центре внимания, то Его вообще нет в пределах видимости.

Если всё дело не в Иисусе, то дело совсем не в Иисусе. Без Него мы становимся пустыми крикунами с запертыми намертво сердцами.

БЛАГОСТЬ БЕЗ КРЕСТА

Неемия вернулся в Иерусалим, только чтобы узнать, что Товия перебрался в храмовые пределы. Как будто во всём Иерусалиме больше не нашлось места; но нет, он хотел занять одну из комнат в доме Божьем. (Более подробно вы можете прочитать эту историю в Неем 13.)

Товия нащупал мягкое местечко в сердце священника, получил его одобрение и комфортно устроился в одной из самых важных комнат храма. Это не было просто какое-то пустующее подсобное помещение – в большой комнате, помимо прочего, хранили хлеб и вино. Священник выбросил их из комнаты, чтобы впустить Товию. Как этот самозванец сумел втереться в доверие к священнику и почему стал вдруг такой важной персоной?

Имя Товии означает благополучие, или благость – Божья благость, если угодно. Видите, куда это идёт?

Его Тело сделало нас здоровыми, а Его Кровь обеспечила святостью.

Я придираюсь к тебе, евангелие процветания. Я вовсе не против преуспевания и процветания. Я замечаю твои яркие появления на страницах Священного Писания. Я молюсь, чтобы каждый верующий процветал. Но что такое процветание без Креста? Что значит благость без жертвы Иисуса? Разве оно что-то значит без хлеба – Тела Христова, и вина – Крови Христовой?

«Возлюбленный! Молюсь, чтобы ты здравствовал и преуспевал во всём, как преуспевает душа твоя» (3 Ин 1:2, СП). Иоанн приходит к выводу, что основа всякого преуспевания и здравия сводится к преуспеванию души. Иначе говоря, как объясняет Крис Валлоттон в своей книге *Бедность, богатство и благосостояние*, «уровень внутреннего преуспевания определяет уровень благосостояния и здоровья, которыми мы наслаждаемся»[57]. И «все верующие должны быть благополучны, а это не то же самое, что быть богатыми»[58].

Библейское преуспевание не относится к земным сокровищам. Хотя очень даже выглядит таковым, учитывая, как его преподносят многие проповедники. Но ни одна душа не будет по-настоящему благополучна без двух основных компонентов: Тела и Крови Иисуса Христа. Его Тело нас исцеляет, а Его Кровь наделяет святостью. Вот подлинное сокровище.

Истинное преуспевание не существует без Креста. Жертва Иисуса ведёт к подлинному благополучию и процветанию, но успех без Иисуса ведёт к смерти. Мы не можем позволить себе использовать Слово Божье для финансовых манипуляций.

Иисус посоветовал молодому богачу избавиться от своего богатства перед тем, как последовать за Ним, потому что его сокровища не принадлежали Богу. Деньги юноши оказались препятствием на пути к Иисусу. Они слишком сильно вцепились в сердце парня. Преуспевание без Иисуса – обман и иллюзия.

Истинное Евангелие всегда нацелено на душу. Оно не сосредоточено на деньгах. Раннехристианская Церковь не состояла из богачей. Первые христиане в принципе избавлялись от своих имений (Деян 2:44–46). Апостол Павел не всегда получал жалование миссионера (Деян 18:1–4). Некоторые святые в Иерусалиме были бедными (Рим 15:26). Многие герои веры не имели крова над головой (Евр 11:38).

Попытайтесь не исказить картину. Сфокусируйте внимание исключительно на Иисусе. В ином случае можно быстро оказаться без Сына, а без Него мы безнадёжные банкроты. Нам не нужно больше денег и проповедей о финансах. Нам нужно больше Иисуса.

Выгоните того Товию из своей церкви и своего богословия. Верните на место хлеб и вино. Для подлинно успешной жизни вам нужны только эти два компонента.

БЕСПРОСВЕТНАЯ БОЛЬ

Глубоко драматичную иллюстрацию истинной Божьей любви, которую не может затмить величайшее из благословений, можно увидеть в последних моментах жизни невестки священника Илия.

> Его невестка, жена Пинехаса, была тогда беременна и скоро должна была родить. Услышав о том, что ковчег Бога захвачен, а её свекор и муж умерли, она согнулась от боли, потому что у неё начались схватки, и родила. Она умирала, а женщины, которые ухаживали за ней, говорили: «Не бойся, ты родила сына». Но она не отвечала и ни на что не обращала внимания. Она назвала мальчика Ихаводом, говоря: «Слава покинула Израиль», – потому что ковчег Бога был захвачен, а её свекор и муж погибли. Она сказала: «Слава покинула Израиль, потому что ковчег Бога захвачен».
>
> **Первая книга Царств 4:19–22**

В контексте всего рассказа о битве с филистимлянами и захвате ковчега эта безымянная женщина кажется неуместным персонажем. А между тем история семьи священника Илия заканчивается на ней.

Когда эта беременная женщина услышала о смерти беспутного мужа и захвате ковчега, у неё начались схватки, и она родила сына. Можно было бы подумать о том, какое это утешение в момент такого бедствия. Но нет, новоиспечённая мама была отнюдь не в восторге.

Можно только представить себе, какой надрыв она переживала внутри. Библия говорит, что мать переживает сильные муки, пока рожает ребёнка, но, родив, забывает о мучениях и радуется новой жизни. Но у невестки Илия не было такой радости. Может, она была ужасной женщиной, или всё же её душевная боль была столь мучительной, что затмила радость от чадородия?

И впрямь, что могло быть мучительнее?

Эта женщина принадлежала к священническому семейству. Она жила и служила при скинии собрания. Каждый день она проводила близко к ковчегу завета, который был эпицентром присутствия Всевышнего Бога. Эта женщина знала и ценила Божье присутствие, в отличие от своего мужа, деверя и тестя. Она имела личный опыт встречи с Божьей славой. Иначе не могло быть.

А теперь её ничуть не беспокоил тот факт, что она умирает. Повитухи успокаивали её, сообщая радостную новость о рождении сына. Но, как и Анну, эту женщину невозможно было подкупить, склонить к компромиссу, уговорить успокоиться в новой действительности – без присутствия Бога, олицетворяемого ковчегом.

Эта женщина понимала, чем обусловлено истинное счастье, и теперь она не могла его больше ощущать. Даже рождение сына не могло затмить агонию, которая мучила её по исчезнувшему присутствию Бога.

Её последние слова были не о сыне. Имя, которым она его наделила, не определяло его личность или будущее. Разве может быть будущее без Бога? Единственное, о чём она могла думать в момент, пока её душа покидала тело, было присутствие Божье. Она назвала мальчика Ихавод, что значило «бесславие», или «где слава?».

Может быть, и умирала она не от тяжёлых родов. Библия молчит на этот счёт. Может быть, она была всё же настолько привязана к Богу, к Его присутствию, к общению с Творцом, что когда ковчег был похищен, то же случилось и с её жизнью. Ограбленная, она не могла выжить в отсутствие Божьей славы.

Когда я читал этот библейский рассказ, на меня то и дело накатывали эмоции. Слёзы начинали течь по лицу, и я едва мог дышать. Я ощущал всю боль этой истории, как будто сам был там, в гуще события. А потом вдруг я услышал вопрос: *Что же с Церковью?* Моё сердце замерло и оборвалось.

Современная Церковь эволюционировала и приспособилась существовать без Божьего присутствия. Она чувствует себя достаточно комфортно и довольствуется жизнью без молитвы, без переживания Божьей славы на постоянной основе.

Не многие уже трепещут перед Его присутствием. Я вижу людей, которые играются с телефонами, пока участвуют в преломлении хлеба, совершенно не обращая внимания на священность момента. Я слышу, как люди обсуждают чудеса, развешивая ярлыки на то, что им кажется настоящим или поддельным, будто они эксперты по Святому Духу.

Раннехристианская Церковь имела привычку молиться и поститься, прежде чем рукоположить кого-либо на служение. В наши дни церкви ставят людей на служение, чтобы они просто не сбежали в другое место. Служители раньше были настоящими молитвенными воинами. А теперь мы ставим людей, которые хорошо выглядят и обладают какой-то квалификацией. Мы заставляем Бога отодвигаться в сторону, потому что всё идёт по нашему расписанию. Перечень можно продолжать долго.

Отцу больно видеть Невесту Своего Сына совершенно неподготовленной. Искупленных много, но тех, кто радикально стоит за Иисуса, надо ещё поискать.

МАТЕРИ-ДУШЕГУБКИ

Многие верующие ведут себя, как бессердечная мать перед царём Соломоном. В известном библейском эпизоде женщина заспала своего младенца. Понимая, что задавила малыша, она украла ребёнка у соседки по дому, утверждая, что это её сын.

Представ перед царём для суда, обе претендовали на живого младенца. Тогда Соломон повелел разрубить его надвое. Женщина, задавившая своего сына, равнодушно пожала плечами: «Пусть не будет ни мне, ни тебе, рубите» (3 Цар 3:26).

Если мы не будем осторожны, то можем задушить жизнь Сына.

Мне больно даже писать эти строки. Многие служители поступают примерно так же. Они «убили» Сына в своём беззаботном сне. Но вместо того чтобы в раскаянии искать Бога, они тратят свою энергию на убийство ревности в других.

Увидев такое однажды, я понимаю, что это происходит повсюду. Например, Святой Дух начинает действовать через каких-то подростков. Они начинают молиться и искать Бога. Вскоре начинают происходить чудеса, исцеления и другие сверхъестественные проявления. И вот тогда к ним наведываются служители церкви.

Подталкиваемые ревностью от того, что Бог не действует через них, они начинают контролировать и тушить пламя в этих детях. Помню случай, когда за некоторыми подростками взрослые устроили слежку, потому что служители церкви собирались выяснить, где они собираются для молитвы. Достойное занятие для дьяконов – духовные агенты!

Я знавал церкви, которые устраивали мероприятия именно в те дни, когда в других общинах проходили собрания пробуждения. Я видел, как лидеры старательно контролировали движение Святого Духа, в итоге убивая его. Узнав, что некоторые из членов его общины побывали на большом молитвенном собрании в другой церкви, один пастор потребовал, чтобы члены церкви подписали письменное обещание не ходить по собраниям других церквей.

Я был свидетелем того, как у молитвенных групп не было помещения, где они могли бы преклонить колени. Любая деятельность церкви имеет приоритет перед молитвенным служением. Кому есть дело до нескольких бормочущих старушек? Я видел, как их гоняли из комнаты в комнату, а потом и вовсе по коридорам. Пастор и другие служители слишком заняты, чтобы молиться, но и другим они этого не позволяют.

Ни мне, ни тебе. Пусть Он не достаётся ни мне, ни тебе.

В духе Саула, которым двигала ревность из-за Давида, снискавшего большую популярность, чем у него, многие служители церкви тащат вниз тех, кого поднимает Бог. Вместо того чтобы искать Бога для жизни в силе, они скорее убьют помазание, поступая вслед за блудницей, которая сказала: «Пусть не будет ни мне, ни тебе».

Дух сиротства вполне реален. Синдром старшего брата весьма живуч. А нам необходимы отцы и матери, которые способны поднимать выше и вдохновлять идти дальше. Иисусу было легко сказать, что мы сделаем более великие дела, чем Он (Ин 14:12).

Если мы не будем осторожны, то можем задушить жизнь Сына в своей жизни, служениях и церквях. Мы должны делать всё возможное, создавая должную духовную атмосферу, чтобы Иисус чувствовал наши радушие, любовь и хвалу.

СНИСХОЖДЕНИЕ К ИИСУСУ

Фарисеи утверждали, что Авраам их отец (Ин 8), тогда как Иисус поправил их, высказав мысль, что их настоящий отец – дьявол. В подобном ключе сегодня многие хвалятся, что Иисус пребывает среди них, тогда как десятилетия минули с тех пор, как они принимали Его в последний раз.

Когда Иисус висел на кресте, фарисеи продолжали разыгрывать перекладывание ответственности. Они насмехались над страдающим Иисусом: «Мы бы и рады поверить в Тебя. Правда, очень хотим. Сойди с креста, сверши чудо, и тогда мы поверим в Тебя. Видишь, не хочешь. Может, всё дело в том, что Ты вовсе не Бог, а может, просто не хочешь, чтобы мы поверили в Тебя» (Мф 27:42).

Это был не единственный раз, когда они обращались к Иисусу в подобном тоне. Такое случалось и раньше. «Они спросили: "Какое знамение Ты мог бы нам показать, чтобы мы поверили Тебе? Что Ты можешь сделать?"» (Ин 6:30).

Слышите, что на самом деле говорили фарисеи? Они обвиняли Иисуса в собственном неверии! По их словам, они бы и хотели поверить, но без потребности в вере. (Попробуйте найти в этом хоть какой-то смысл.)

Похожие речи можно услышать и с кафедр. Один пастор сказал: «Я не против того, чтобы у нас в церкви происходили исцеления и освобождения. Если Бог хочет прийти и исцелить кого-то, я, разумеется, не буду против».

Звучит благородно и возвышенно, за исключением того факта, что подобная позиция напрочь отбрасывает Божье Слово. Во-первых, кто мы такие, чтобы не возражать против Божьего явления? Мы принадлежим Ему, а не наоборот. Во-вторых, Иисус не учил нас терпеливо выносить Его дары и действия; скорее Он призывал ревностно искать Его дары (1 Кор 12:31). Это большая разница.

> Что вы зовёте Меня: «Господи, Господи», а не делаете того, что Я говорю? Я скажу вам, с кем можно сравнить того, кто приходит ко Мне, слушает Мои слова и исполняет их. Он похож на строителя дома, который выкопал глубокий котлован и заложил фундамент на камне. Когда случилось наводнение и на дом обрушилась река, она не пошатнула его, потому что он был крепко построен.
>
> **Евангелие от Луки 6:46–48**

Иисус не призывал нас обсуждать или наблюдать за Его делами. Он обязал нас исполнять Его дела и быть целеустремлёнными во всём, что делал Он. «Идите и возвещайте: “Царство Небесное уже близко!” Исцеляйте больных, воскрешайте мертвых, очищайте прокаженных, изгоняйте демонов. Вы получили даром, даром и давайте» (Мф 10:7–8).

СУД НАД ИИСУСОМ

То, что я описываю выше, Марио Мурильо в книге *Вопрос ребром* называет «культурой компромисса». Многие люди кажутся духовными, однако им не хватает духа стоять за истину.

Многие люди кажутся духовными, однако им не хватает духа стоять за истину.

Приводя в пример трагедию, случившуюся 9 сентября 2001 года, Мурильо пишет: «9/11 показало, насколько многие люди в нашей стране неспособны на ярость. После того как 3000 невинных американцев обратились в пепел в Башнях-близнецах, многие предлагали создать комитеты для выяснения, “чем мы так обозлили террористов”»[59].

Именно так Церковь часто и поступает. Вместо того чтобы ликовать по поводу вторжения Неба в мир через сверхъестественные исцеления, освобождения и прорывы, Церковь собирается, чтобы оценить происходящее и решить, стоят ли эти явления того, чтобы их одобрить и поддержать.

Современная Церковь оценивает Святого Духа больше, чем ценит Его.

Современная Церковь оценивает Святого Духа больше, чем ценит Его. Святой Дух подвергается бесконечному анализу и не допускается к преображению существующего положения дел. Многие любят Святого Духа на словах и за Его имя, но никак не на деле.

Саул сделал нечто похожее, когда Бог употребил его сына Ионафана для мощной победы над филистимлянами (1 Цар 14). Будучи опытным воином, Саул поступил совершенно бездумно. Он положил на армию заклятие, запретив им есть. Какое дурацкое решение в виду разбитого и бегущего врага. Что на него нашло?

А произошла элементарная ошибка. Саул увидел бегущего врага, но не стал догонять его, чтобы довершить победу. Он увяз во внутренних политических дрязгах. Ему следовало бы снабдить воинов необходимой провизией и отправиться вслед за филистимлянами.

И чем же он вознаградил Ионафана за его веру и отвагу? Смерть на месте. К счастью, рядовые воины сумели уговорить царя помиловать собственного сына.

Пол Трипп пишет: «Когда пастор занимается в церкви делами, которые больше походят на политические вопросы, чем пасторские обязанности, это происходит не потому, что он не понимает эгоистичности такой реакции, а потому что он больше предан делу созидания собственного царства, а не Божьего»[60].

Мы допускаем похожие ошибки на своих лидерских собраниях. Зачастую нужно меньше заседать, а больше вставать и действовать. (Ну вот, я это сказал.)

«Так говорит Езекия: "Сегодня день беды, наказания и бесчестия, словно дитя вот-вот должно родиться, а родить нет силы"» (4 Цар 19:3).

Господь по Своей милости даёт служение и посылает благодать, чтобы мы были эффективными, но, если плоть находит лазейку, она их убивает. Один из преобладающих симптомов плоти – противоречия и иррациональные решения толковых служителей церкви. Как в случае с Саулом, первая часть была прекрасна – когда филистимляне потерпели сокрушительное поражение, но вторая оказалась откровенно безрассудной.

Некоторые служители считают, что люди не меняются. Эта мысль возникла от сильных разочарований и горечи, но она внутренне противоречива. Как может человек, который стремится изменить человеческие жизни, быть уверенным, что они не меняются?

Иисус жив. Его характер всё ещё может проявляться в людях через плоды Духа. Его служение всё так же действенно через дары Духа.

Я бы хотел поставить перед вами непростую задачу: если люди не меняются под воздействием вашего служения, не ищите теологическое объяснение, которое позволит вам оставаться прежним. Читайте Библию и серьёзно относитесь к Божьим словам. Не успокаивайтесь, пока образ жизни Иисуса не начнёт отражаться в вашей жизни.

Вот уже несколько лет я участвую в местном молитвенном движении. Внешне это служение не имеет никакой привлекательности. Мы собираемся на краю нашей местной северо-западной цивилизации. Место встреч находится на окраинах небольшого города, за которыми открывается ущелье реки Колумбия.

Люди из разных деноминаций собираются в старом церковном здании, которому скоро стукнет сто лет. Летом кондиционер часто не работает, а зимой (кто бы сомневался?) не желает функционировать система отопления. Там нет классного звукового оборудования, группы прославления или прекрасных украшений. Музыка для поклонения играет с помощью ноутбука, пока люди молятся, и после короткого слова звучит призыв к алтарю.

Тем не менее, эти собрания отмечены сверхъестественными проявлениями. Люди получают исцеление от хронических болезней и раковых заболеваний. Кто-то загорается пылом служения и начинает похожие молитвенные служения в других штатах. Во время таких служений происходят бесчисленные освобождения. Исчезает алкогольная зависимость. Людей покидают суицидальные мысли и депрессия. Сверхъестественное движение мощно проявляется в слове знания, слове мудрости и пророчествах.

Всё это осуществляется обычными христианами без каких-либо титулов и званий. Это обычные верующие люди, работающие на обычных работах. Единственное их отличие кроется в том, что они решили увидеть воплощение Божьих обещаний, чего бы это им ни стоило.

Группа молитвенников проводит и всенощные молитвы каждую неделю. Вот уже больше десяти лет люди собираются по пятницам, чтобы провести время в молитве с полуночи до шести утра.

Обычно на подобных собраниях ожидаешь увидеть очень духовных людей. Но к моему удивлению, там всегда полно подростков и взрослых, у которых немало личных проблем. Эти люди явно не подходят для участия в служении воскресным утром.

Некоторые подростки приходят на ночные молитвы и просто сидят там или спят ночь напролёт. Я всё недоумевал, зачем они вообще приходят, если не молятся. Они и отдалённо не похожи на молитвенных воинов. Так казалось поначалу.

В частности, один парень серьёзно страдал от суицидальных наклонностей. Он являлся на молитву лишь потому, что его притаскивали приятели. Я не видел его лица около двух месяцев, потому что оно было постоянно закрыто капюшоном толстовки. Я и голоса его не слышал, потому что за всё это время он не проронил и слова.

Но после двух месяцев, в течение которых его окутали молитвой и служением, его жизнь радикально изменилась. У него удивительное свидетельство, и он теперь горит для Иисуса. Всё это произошло благодаря тому, что он проводил время на ночных молитвах, где быть не хотел.

Я видел, как на этих служениях разрушалась алкогольная зависимость, исцелялись ужасные проблемы со спиной, уходили суицидальные мысли, исчезала депрессия, распадались бесовские чары, открывались пророческие глубины и люди обретали смысл жизни.

Да уж попробуйте рассказать мне, что люди не меняются.

Взывайте к Сыну!

Робби Докинз в книге *Делайте то, что делал Иисус* пишет: «Когда мы пребываем в присутствии и владычестве Бога, мы будем делать то, что делал Иисус»[61]. Там же он отмечает: «Божий дар нам – это способность; наш дар Богу – готовность. Он говорит: "Иди первым. Будь готов и выступай вперёд, а Я наделю тебя силой в нужный момент"»[62].

Докинз отлично подытоживает выше: «Каким-то странным образом наша "религия" позволила нам с лёгкостью забыть радикально принимающего, переворачивающего столы, меняющего правила Христа Библии, а вместо этого подсунула ложь о том, что христианство скучновато, слегка старомодно и не совсем соответствует истине в самых главных своих притязаниях»[63].

РАДИКАЛЬНЫЙ РАЗВОРОТ

Несколько лет тому назад, когда я только начинал двигаться в пророческом даровании, со мной приключилось восхитительное переживание.

Мой брат Василий служит пастором церкви в Сакраменто, и он пригласил меня проповедовать. Во время прославления я взглянул на одного из подростков, который играл на гитаре в группе, и получил пророческое прозрение. Когда пришло время мне подняться на сцену и говорить слово, я подозвал парня и сказал, что видел его у развилки дорог. Одна дорога вела направо, другая – налево.

Понять значение было несложно. Я сказал, что он оказался перед необходимостью принятия решения. Ему необходимо выбрать, куда он пойдёт – направо или налево, выберет одно или другое. Я заверил его, что Бог поможет ему принять верное решение. Высказывая свои соображения, я заметил, что юноша начинает эмоционально реагировать. Мои слова явно откликались в его сердце. Я не стал продолжать, а пошёл проповедовать.

Господь устроил так, что через несколько месяцев я снова оказался у брата в церкви, когда этот парень по имени Эрик рассказывал своё свидетельство.

Оказалось, что Эрик постепенно отходил от Бога. Он зависал со своими корешами, покуривал травку и отрывался на вечеринках. Давление сверстников было довольно весомым, и Эрик хотел быть «в доску своим».

Он понимал, что ему придётся принять решение – друзья или Бог. Но больше всего удивило его то, что Бог, зная в какую тёмную долину он забрёл, так сильно любил его, что протянул ему Свою руку, пока он погрязал в грехе. Это перевернуло его мирок. В тот момент он ощутил безоговорочную любовь Отца, что и привело его к покаянию. Тогда-то Эрик и решил посвятить свою жизнь Господу.

В настоящее время Эрик является рукоположенным пастором, помазанным лидером прославления и благовестником, проповедующим на улицах Сакраменто. Какое изумительное свидетельство Божьей благости. Люди точно меняются. Бог всё ещё в деле.

Давайте не обесценивать христианский опыт преображения. Это славное действие Божьей силы и лучшее, что только может случиться с человеком.

ТОМИМЫЙ ЛЮБОВЬЮ

Нам нужен Иисус. Если вы Его имеете, вам нужно больше. Никогда не довольствуйтесь тем, что уже есть. Когда ешь и пьёшь в физическом мире, быстро наступает насыщение. Но в духовной реальности чем больше ешь, тем сильнее ощущается голод, и чем больше пьёшь, тем сильнее становится жажда.

Будьте похожими на Анну, оставаясь неудовлетворёнными нынешним откровением Иисуса. Уподобляйтесь Рахили, взывая к Иисусу, поскольку ваша жизнь всецело зависит от Него. Будьте такими, как невестка Илия – чуткими к Духу, знающими, когда Он приходит и когда уходит. Прилепитесь к Нему так сильно, чтобы без Его присутствия сама жизнь теряла смысл.

Это и есть любовь. Таково сердце настоящей Невесты, которая, не отвлекаясь на мелочи, будет готова к встрече с Женихом.

> Я открыла возлюбленному моему, но его уже не было – он ушёл. Сердце моё опечалилось из-за его ухода. Я искала его, но не нашла, звала, но он не откликался. Нашли меня стражи, обходящие город. Они избили меня, изранили и забрали накидку мою, стражи, стерегущие стены.
>
> Дочери Иерусалима, я заклинаю вас, если встретите возлюбленного моего, передайте ему, что я изнемогаю от любви.
>
> **Песнь песней 5:6–8**

Будем же изнемогать от любви к Господу. Давайте искать Его, звать Его по имени в ночи. Да, зло во тьме может подстерегать и наносить побои. Ну и пусть. Такова цена, которую мы готовы заплатить, гоняясь за своим Возлюбленным.

И когда мы Его найдём, Возлюбленный скажет: «Милая моя, ты прекрасна, как Тирца, красива, как Иерусалим, величественна, как войска со знаменами. Отведи свои глаза от меня, потому что они волнуют меня» (Песн 6:4–5).

ГЛАВА 11

ЦЕРКВИ ОБОЛЬЩЁННОЙ

ЧРЕЗВЫЧАЙНО ВАЖНО ПОНЯТЬ ВСЁ ПРАВИЛЬНО. Как только мы теряем внимание к вечности, мы перестаём страстно желать Его пришествия. Мы зацикливаемся на земном, и возвращение Иисуса становится нежелательным событием. Плоть обманывает нас и искажает зрение.

Я пишу с молитвой о том, чтобы эти истины заставили ваше сердце избавиться от всего плотского. Молюсь, чтобы Божий Дух внутри вас забурлил рвением и неуёмным стремлением – рвением распять плоть с её похотями и стремлением познавать Бога в чистоте и святости.

Иногда мы просто не ощущаем, как накапливаются все те лишние вещи в нашей жизни, и можем совершенно искренне заблуждаться. Но всё может измениться, когда мы открываем сердца в покаянии.

«Сеющий в плоть свою от плоти пожнёт тление, а сеющий в дух от духа пожнёт жизнь вечную» (Гал 6:8, СП). Точь-в-точь, как Ева уповала на плоть, надеясь увидеть Спасителя, так и современное христианство во многих смыслах уповает на плоть, ожидая при этом духовных результатов. Однако Иисус совершенно недвусмысленно сказал: «От плоти рождается плоть, а Дух рождает дух» (Ин 3:6).

Мы рвём жилы, пытаясь заставить плоть родить духовное, и удивляемся, почему ничего не выходит. Цитируем стихи из Библии, но они звучат совершенно неуместно, и эти декларации не реализуются.

Верите вы в Иисуса или нет, дела плоти в любом случае принесут лишь гибель и смерть. Плоть хитроумна и потому прячется за очень духовным фасадом. Чтобы исключить её из картины, мы обязаны изобличить её, снова став здоровым Телом Христа.

ПЛОТСКИЕ ДЕЛА В РАСЧЁТЕ НА ДУХОВНЫЕ ПЛОДЫ

Мне нравится аналогия, которую проводит Р. Т. Кендалл в книге *Голубиная религия*. Он пишет: «Это посягательство любого учения, служения или действия, которое представлялось вам изящной голубицей – подлинным Святым Духом, но в итоге оказалось сизым голубем – подделкой, так сказать. Одним словом, плотью, а не Духом»[64].

Иначе говоря, некоторые дела плоти кажутся весьма духовными. Не все могут распознать поддельный образ голубицы – Святого Духа или истинное учение Писания.

Говоря о плоти, я не имею в виду тело. Человеческое тело прекрасно, потому что его сотворил Бог. Плоть же – это греховная натура, присущая каждой душе. Тело следует питать и лелеять, ибо это Божий храм. Плоть же, с другой стороны, Библия рекомендует держать в узде и умерщвлять. «Те, кто принадлежит Иисусу Христу, распяли свою плотскую *природу* вместе с её страстями и нечистыми желаниями» (Гал 5:24).

Плоть обладает способностью воскресать, если мы не будем внимательными. Она знает, как вырядиться в ризы духовности. Позвольте мне перечислить некоторые личины, под которыми она проникает в сердца христиан и церкви.

Джерри и Кэрол Робсон пишут: «Вот несколько дел плоти, которые могут раздуться до серьёзных проблем: зависть, жадность, раздоры, ненависть, разделения, ревность и обида. Эти смертоносные семена начинают прорастать в нашей жизни, если мы не пребываем начеку»[65].

«Мысли, исходящие от греховной природы [т.е. плоти], ведут к смерти, а мысли, исходящие от Духа, – к жизни и миру» (Рим 8:6). Иногда мы прибегаем к услугам плоти, но при этом надеемся увидеть духовные результаты. В других случаях поступаем духовно, но видим плотские результаты. Нам кажется, что, применив всевозможные духовные принципы, можно ожидать желаемые блага в привычной жизни.

Я и сам ловил себя на подобной мысли. Излагая теперь свои размышления, я раскаиваюсь и позволяю Святому Духу действовать в моей жизни. Приведу примеры того, как мы иногда пытаемся применить духовные принципы во имя плотских благ.

Например, отдав десятину (духовный акт), мы тут же лезем в банковское приложение на смартфоне, чтобы увидеть стократное умножение пожертвования. *Опаньки, не сработало! Денежки уплачены, а я так и не получил, что было обещано.* Плоть!

Нельзя пользоваться Богом как инвестиционной платформой. Он вам не Уолл-стрит.

«Чти Господа своим достоянием, первыми плодами от всех своих урожаев. Тогда наполнятся до отказа твои амбары, и молодое вино переполнит твои давильни» (Притч 3:9–10). Удивительный стих; его часто цитируют во время сбора церковных пожертвований. Проповедник говорит нечто вроде: «Отдавайте свои пожертвования и ожидайте великих благословений». Именно так и учит этот библейский стих. Однако мы упускаем из виду начало стиха, которое гласит: «*Чти Господа*». Десятина приносится не с тем, чтобы разбогатеть, а для того, чтобы почтить Господа.

Некоторые люди отдают десятину и провозглашают, что никогда не заболеют. Но Бог вовсе не страховое агентство, занимающееся вопросами здравоохранения. Якобы, получая премиальные ежемесячные выплаты, Он изо всех сил старается сохранить тебе здоровье, потому что ты вовремя платишь взносы. Дело обстоит иначе.

Нам суждено жить здоровой жизнью не потому, что мы нечто делаем, а из-за того, что сделал Иисус, подставив спину под рвущие плоть плети ради одной цели – чтобы мы были здоровы (1 Петр 2:24).

Я убеждён, что Иисус мог умереть в Гефсиманском саду, и этого было бы достаточно, чтобы оправдать нас. Уже там Он истекал кровью, и, как говорится, «одной капли Его крови хватило бы». В саду Иисус уже был на грани смерти, как и Сам признавал, но решил пройти весь путь, чтобы мы были спасены не только от греха, но и от всякого проклятия на земле, от которого страдают наши тела.

Я хочу привести обширный отрывок из книги Джеймса Мэлони *Танцующая рука Бога*. Д-р Мэлони проводит чёткое различие между делами для Христа и делами, совершаемыми во Христе.

> В противном случае, многие люди опирают своё самосознание в служении исключительно на дела, которые они совершают для Господа. Они, по сути, говорят: «Смогу ли я добиться Его принятия, сделав то или другое?» Кроме того, они постоянно напрягаются, пытаясь добиться принятия от окружающих, словно не понимая, что всё, чего они надеются достичь, можно обрести, служа Господу Иисусу Христу в Личности Христа.
>
> Если бы апостолы и их подручные восприняли это важнейшее откровение, они перестали бы прилагать усилия к тому, чтобы заслужить принятие и одобрение окружающих, или Господа, если уж на то пошло. На всякий случай, уточню: я убеждён, что в служении есть место принятию, одобрению и чести. Однако многие люди позволяют этим мотивам стать движущей силой их служения, и оказываются из-за этого в постоянном разочаровании, потому что никак не могут достичь уровня совершенства, который воображают для своего служения. Возможно, первоначаль-

ные ожидания, возлагаемые на служение, изначально опирались на ложное восприятие, потому что им казалось, что это они могут сделать для Христа, а не во Христе[66].

ПРЯЧА ИДОЛОПОКЛОНСТВО ЗА БЛАГОСЛОВЕНИЯМИ

Джеймс Мэлони пишет: «Апостолы (я включаю пасторов и учителей) должны научить Божий народ разнице между священным и мирским. В противном случае мы все пытаемся служить, опираясь на собственное тщеславие и ограниченность, и оттого у нас не получается прикоснуться к душам людей»[67].

Мы часто цитируем слова Иисуса, когда Он сказал: «Прежде всего ищите Царства Божьего и Его праведности, и это всё тоже будет дано вам» (Мф 6:33). И тогда мы заявляемся на воскресное служение, ожидая обрести то, что уже было нам дано. «Боже, я ищу Тебя. Где же то, что я хочу? Ты же видишь, что я пришёл!»

Одна женщина признавалась в инстаграмном посте: «Я всегда искала прежде всего Господа, и вот теперь настало время, когда я получаю всё, что будет мне дано». Прекрасная подпись для селфи перед новеньким «Мерседесом».

Вот уж не думаю, что Иисус имел это в виду. Это сделало бы Его дешёвкой с плохим вкусом на автомобили. Чего уж там, если собираетесь получить от Бога должное дополнение к своей духовности, почему бы не замахнуться на «Ламборгини»? (Хе-хе.)

Разумеется, Бог наделяет нас многими земными благами, но не думаю, что именно их Он имел в виду, говоря: «...это всё тоже будет дано вам». А что если, взыскав прежде всего Божье Царство, вы вдобавок получаете и присутствие Иисуса, и вечную жизнь, и прямой доступ к престолу благодати, и личные покои в небесных обителях, и вечную награду, и венец? А сверх этого вы получаете свободу от груза вины, греха, болезней и всевозможных оков здесь, на земле.

> Его Божественная сила дала нам всё необходимое для жизни и благочестия через познание Бога, призвавшего нас Своей собственной славой и добродетелью. Благодаря им Он дал нам самые великие и драгоценные обещания, чтобы через них вы стали причастны к Божественной природе и избежали растления страстями, *господствующими* в мире.
>
> **Второе послание Петра 1:3–4**

Вот что вы получаете, взыскав в первую очередь Царство Божье. Это царство другой реальности. Просто представьте: что самое ценное на небе? Что скажете насчёт духовных даров? А вечная жизнь и возможность приближаться к Божьему престолу в качестве наследников? Именно такие бесценные обещания мы получаем, когда прежде всего ищем Бога.

Церковь захотела понравиться миру; добившись этого, она вызвала неприязнь Отца.

Один из самых притягательных соблазнов плоти – это стремление к востребованности. В книге под названием *Исчезающая Церковь* Марк Сэйерс излагает несколько соображений на предмет того, почему Церковь на Западе сокращается[68].

Стремление к востребованности во многих отношениях обольстило Церковь, но её может восстановить глубокое благоговение. Марк Сэйерс рассуждает так: «Считалось, что люди игнорировали христианство по той причине, что церковные традиции и обряды казались им чуждыми и отталкивающими. Если же сделать Церковь более привлекательной – с востребованными культурой формами вместо традиций и ритуального блеска – христианство снова расцвело бы в западном мире»[69].

По мнению Сэйерса, несмотря на чудовищные усилия осовременить христианство, несмотря на «многолетние поиски культурной востребованности, предпринятые современной Церковью, она продолжает безуспешно бороться за популярность на светском

Западе. Стареющий портрет Церкви неизбежно подразумевает то, что многие церкви исчезают демографически»[70].

Церковь захотела понравиться миру; добившись этого, она вызвала неприязнь Отца.

> «Слышать аплодисменты и крики “Так держать!” в адрес христианина из уст нечестивого мира – чрезвычайно недоброе предзнаменование»[71].
>
> **Чарльз Сперджен**

Иисусу не нужно сражаться за востребованность. Раннехристианская Церковь никогда не пыталась вписаться в рамки стереотипов. Между тем, вместо стремления к подлинным проявлениям Святого Духа, которые выражаются знамениями и чудесами, современная Церковь вознамерилась найти способы слиться с окружающей культурой. Столь бездумное намерение потребовало размытых убеждений в понимании Бога, Иисуса и Святого Духа.

САМООБМАН

Вот как мы часто обольщаем сами себя. Например, мы слышим проповедь об Иосифе, который был честным человеком, за что Бог и возвысил его до могущественного властителя. Проповедник хотел бы сказать, что, если быть честным, то вполне можно стать великим лидером. Но это совсем не так.

Ой, кто-то уже предложил вам завидное повышение? Я часто слышу милые фразочки вроде: «Каждый человек – лидер!» Звучит так приятно, но правда ли это?

Если посмотреть на жизнь Иосифа, его честность приносила ему только беды и испытания. Иосиф не видел никакого высокого положения в будущем. Его отношение к жизни толкало его всё ниже и ниже.

Библия сообщает, что Иосиф даже забыл о своих снах, которые видел в юности. Он вспомнил их только после того, как увидел кланяющихся ему братьев. Вот уж яркое напоминание (Быт 41:9)!

Единственная причина, почему Иосиф сохранял верность, заключалась в его желании угодить Богу. Жене Потифара он ответил: «Как же я могу совершить такое великое зло и грех против Бога?» (Быт 39:9). Иосиф понимал: хотя его не видят отец и родные люди, за ним наблюдает Бог. Многие люди умерли мученической смертью, не желая отказаться от веры, и они не стали великими владыками.

Мы слышим проповеди об Аврааме, которые звучат примерно так: Авраам отдавал десятину, и благодаря этому стал богатым. Авраам действительно отдавал десятину. Он и вправду был богатым человеком. Тем не менее, объединяя эти две мысли, мы наблюдаем манипуляцию в её лучшем (или таки худшем?) виде.

Гордыня всегда представляется смирением.

Проповедник намекает: несите десятины, и тоже разбогатеете. Но Авраам отдавал десятину не с намерением разбогатеть. Он и до этого был довольно успешным. Постарайтесь не отводить взгляда от подлинных причин, зрите в самый корень. Авраам дал десятину Мелхиседеку, и этим взносом почтил Иисуса. Здесь и близко нет намёка на то, что он хотел разбогатеть с помощью десятины (Евр 7:1–10).

Видите ли, мы нацелили христианство на себя. Иисус и Библия служат у нас одной цели – сделать нас успешными здесь, на земле. Но так быть не должно. Иисус – вот единственная наша цель. Всё, что мы делаем, должно быть нацелено на то, чтобы достичь Его. Нельзя пользоваться Иисусом ради личной выгоды.

Я слышал проповеди и о Моисее. Он был смиренным человеком, и Бог сделал из него великого вождя. Звучит правдиво, однако подразумевается следующее: «Оставайся смиренным, и ты тоже станешь великим вождём».

Если ты изо всех сил стараешься быть смиренным, чтобы стать великим вождём, ты уже полон гордыни. Моисей был поистине смиренным. Последнее, чего он хотел – это становиться во главе народа. Так что перестаньте обманывать себя. Нужно смотреть на общую картину перед тем, как делать выводы. Дэвид Вилкерсон сказал: «Вера приходит от слышания всего Слова, а не излюбленных выдержек»[72].

Библия должна обретать смысл в свете всего Божьего Слова. Для того чтобы вернуть стих в контекст, мало прочесть стих до и стих после. Необходимо убедиться: соответствует ли ваше откровение всей палитре Слова, записанного во всех книгах Библии? Не беспокойтесь: если это подлинное откровение от Бога, вы не столкнётесь ни с одним противоречием.

Гордыня всегда представляется смирением. А плоть всегда рядится в одежды духовности.

Павел очень ясно показал это христианам Рима: «Ведь всё происходит от Него и через Него, и для Него всё существует. Хвала Ему вовеки!» (Рим 11:36). Я не хочу использовать Иисуса для исправления семейных проблем. Дело куда глубже. Я хочу дальновидно работать над отношениями со своей женой и детьми, потому что вечером, склонившись в молитве, я хочу, чтобы Отец услышал меня.

Дело не столько в том, что Иисус может дать моей семье, сколько в том, что я должен всю свою семью отдать Иисусу. Я люблю Его так сильно, что не могу позволить ссоре с женой встать на пути моего общения с Ним. Я готов признать вину сто раз, потому что не хочу разомкнуть связь с Богом.

Иисус – не волшебная палочка, по мановению которой воплощаются все наши мечты и желания. Спросите у раннехристианской Церкви. Всё, что мы делаем на земле, должно быть вызвано неизбывным желанием быть ближе к Нему.

ОПЫТ БОЛЕЗНИ

Когда я на протяжении более четырёх лет страдал от хронической болезни, ни одно из Божьих обещаний даже не маячило на горизонте моей жалкой жизни. Всё выглядело с точностью до наоборот. Я просто хотел умереть, чтобы избавиться от боли. В те жуткие дни, до того как Иисус меня исцелил, я часто цитировал известный библейский стих:

> Даже если инжир не расцветет, и не будет винограда на лозе, если оливы не принесут плода, и поля не дадут урожая, если не останется овец в загоне и волов – в стойлах, я всё равно буду радоваться Господу и ликовать о Боге, моём Спасителе.
>
> **Книга пророка Аввакума 3:17–18**

А если Он чего-то не сделает для тебя? Пусть даже в течение какого-то времени. Плотское христианство не может выдержать такое. Оно хочет всё здесь и сейчас же.

Ложные ожидания ведут к разочарованию, а разочарование приводит к вероотступничеству. Давайте раз и навсегда уясним одно: ничто на земле не должно определять нас. Счастью это не под силу, ибо Иисус был «муж скорбей». Успех тоже не определяет нас, ибо герои веры жили в пещерах. Бога не заботит красивая картинка, потому что в висящем на кресте Иисусе не было ничего красивого.

Есть только одно, что определяет нас, и это Христос. Мы укоренены в Нём. Наш успех – Иисус. Наша праведность сокрыта в Его Крови. Какая разница, кто богаче или беднее, если всё определяет Христос?

Однако «евангелие процветания» проникает в Церковь, постепенно переводя фокус веры на дела. Оно заставляет нас верить, будто тщательные усилия вызывают Божье благоволение.

Вот что я пытаюсь сказать:

- Я молюсь не для того, чтобы добраться до Бога. Я уже имею возможность с дерзновением подходить к престолу Его благодати (Евр 4:16).
- Я пощусь не для того, чтобы своим отчаянием разжалобить Бога – это не голодная забастовка для привлечения Его внимания. Я уже имею в Нём больше, чем достаточно. Я пощусь из желания пребывать в гармонии со Святым Духом (2 Кор 9:8).
- Я отдаю десятину не для того, чтобы разбогатеть. Я уже царь-священник, обладающий всей полнотой власти (Откр 1:6).
- Я читаю Библию не для того, чтобы успокоить совесть или почувствовать себя святее или чище. Моя святость сокрыта в Его Крови, а не в моих делах (Ин 1:7).

Ощущаете разницу? Можно делать одно и то же, но с двумя разными намерениями. Вся разница в том, на что опираться: на истину или на плоть.

ПРЕДАННОСТЬ ИИСУСУ И ЧЕМУ УГОДНО

Мы все хотим быть с Иисусом, конечно же. Проблема в том, что Он – не единственное, чего нам хочется. Однако любое дополнение к Иисусу растлевает Церковь. Представьте, что перед самой свадьбой вы обещаете будущей супруге: «Милая, я буду на 100 процентов верен тебе и только тебе – целых 364 дня в году. Но в этот один день... может произойти что угодно». Не думаю, что брачная церемония случилась бы в обозримом будущем.

Или представьте, что вы говорите будущей жене: «Ты – моя самая любимая девушка на свете. Есть и другие девчонки, с которыми классно проводить время, но ты – самая лучшая, нет сомнения». Нет уж, не прокатит.

Если погрузиться в тему плоти, можно обнаружить, что за этим стоит оккультное вдохновение. В *Руководстве Ларсона по духовной брани* Боб Ларсон изобличает «Движение человеческого потенциала». Он описывает эту демоническую практику как «систему спасения, которая зависит от того, что мы можем сделать для себя, а не то, что Божья благодать может совершить по вере в искупительный подвиг Христа. Движение имеет явную гуманистическую направленность; в попытках избавиться от страха и неудач, они все надежды возлагают на потенциал человека, вместо того чтобы всецело положиться на помощь Святого Духа»[73].

Я недавно познакомился с человеком, который поделился со мной сокровенными переживаниями. Ему было необходимо решение, и я спросил, молился ли он об этом. Он уставился на меня, как олень на свет автомобильных фар.

Он повторил, что ему нужна практическая помощь – что-то осязаемое, так сказать. Ему и в голову не пришло, что можно просто обратиться с таким вопросом к Живому Богу. Почему? Да потому что он постоянно внимал мотивационным речам, в центре которых всегда находится личность самого человека. И теперь он умолял помочь ему обнаружить решение внутри его самого.

Молитва практична.

Гуманистическая проповедь практически исключает действенность молитвы. Взамен она предлагает какие-то практические шаги, ставит какие-то задачи, требует приложить усилия – и тогда вознаграждение будет более обоснованным и приятным. А если не получится, всегда можно возвести очи горе и сказать: «Но я хотя бы попытался».

Глаза этого человека прямо говорили: «Помолиться? Что ты такое несёшь? Прикалываться надо мной вздумал? Я тебя прошу о практической помощи, а не каких-то бессодержательных бормотаний! Дай мне что-нибудь осязаемое, что-то более реальное и стратегическое».

Молитва чрезвычайно практична.

Одна из популярных фраз окружающей культуры, которая как-то проскользнула в церковь, звучит так: «Прислушайся к своему сердцу!» Какой чудный и вдохновляющий слоган! Можно даже подумать, что он основан на библейской истине, поскольку Писание гласит, что Бог исполнит желания твоего сердца (Пс 36:4).

Вместе с тем, первую часть стиха обычно упускают из виду. Прежде всего, сказано там, необходимо *радоваться Господу*. Пока многочисленные знатоки проповедуют, учат, провозглашают и следуют желаниям своего сердца, Библия утверждает: «Проклят человек, который надеется на человека и плоть делает своею опорою» (Иер 17:5).

Позвольте мне говорить без обиняков. Каждый из нас – человек. Надежда на себя и следование за велениями сердца могут стать теми самыми факторами, которые навлекут на нас проклятие.

Кто знает сердце человека? «Лукаво сердце *человеческое* более всего и крайне испорчено?» (Иер 17:9). Вот почему следует уподобиться Давиду, который молил Бога: «Испытай меня, Боже, и узнай сердце моё; испытай меня и узнай помышления мои; и зри, не на опасном ли я пути, и направь меня на путь вечный» (Пс 138:23–24).

Иисус есть путь, истина и жизнь. Без Него нам не добраться до чего-либо доброго. Иисус – это всё, что нам нужно.

Занимательный факт: в ветхозаветном храме было трое ворот, которые вели из двора в святилище и Святое святых. Первый вход назывался Путь. Второй носил название Истина. А третий назывался – да, вы угадали – Жизнь.

Когда израильтяне услышали эту фразу из уст Иисуса, они поняли её не так, как мы. Он претендовал на куда более высокое признание. Иисус заявлял, что Он и есть подлинный Храм, присутствие Бога и воплощение Закона.

Д-р Вернон МакДжи пишет: «Единственная возможная альтернатива для человека – встать на верный путь или блуждать в полном неведении. "Я есмь Путь...". Произнеся это грандиозное заявление, Он отверг любой другой путь. Путь в Божье присутствие, в место общения и поклонения, пролегает через Христа»[74].

Это всё духовная действительность, а мы пытаемся как-то вырулить на свою выгоду. Бросьте это глупое занятие. Нужно научиться различать, когда Слово используется во имя эгоистичных желаний, а не для того, чтобы приблизиться к Богу.

ГУМАНИСТИЧЕСКАЯ ВЕРА

«Боюсь, обслуживая нужды поклоняющихся в процессе прославления, вместо того чтобы направлять его на Объект поклонения, мы создали человекоцентричные церкви»[75], – пишет Фрэнсис Чен. Таковы печальные реалии.

Ни один христианин не станет доказывать, что Иисус не есть путь, истина и жизнь. Однако, когда дело касается практического применения, мы зачастую больше полагаемся на основу человеческого опыта, чем на Иисуса. Составляющие человеческого бытия представлены логикой, философией и, очень часто, психологией. Современная Церковь запятнала себя гуманизмом.

Церковь нынешняя уповает на философию и психологию примерно в той же мере, как раннехристианская Церковь уповала на дары Святого Духа. Я помню, когда вышла книга Стива Джобса. Пасторы бросались его мудрыми цитатами и стратегиями на каждом лидерском собрании, а то и делились ими в проповедях. Это всегда заставляло меня поёживаться внутри. Как будто Библия не может научить стратегии.

В наши дни многие верующие восторженно болтают о последних интервью с Эндрю Тейтом, о том, как он несёт столько истины и мудрости в жизнь молодых людей. И мне снова дико неудобно – как будто нет достойного примера для подражания, и нам приходится смотреть снизу вверх на миллионера, который ушёл из христианства в ислам и заработал своё состояние в порноиндустрии.

Многие христиане прекрасно знают и цитируют бизнес-бестселлеры, следят за жизнью огромного количества знаменитостей в социальных сетях, но не могут похвастать знанием Библии и едва ли вдохновляются достойными

Святой Дух – самый лучший партнёр и величайшая сила.

подражания Божьими людьми. Власть имущие мира сего могут озвучить и разумные мысли, которые, однако, часто бывают при этом приправлены всякого рода мусором. И попробуй отделить полезное от губительного.

Дерек Принс писал: «Берегитесь, когда люди начинают вовсю пользоваться выражениями из психологии и прибегают к поддержке психиатров, доказывая истину Евангелия. Евангелие не нуждается в поддержке психиатров... Библия выстоит без одобрения психиатров, философов, учёных или кого-либо ещё»[76].

Евангелие отличается замечательной простотой, и оно чрезвычайно действенно, если позволить ему оставаться простым.

- Как можно духовно расти? Крест.
- Как стать святым? Иисус.
- Как сильнее любить жену? Крест.
- Как сплотить семью? Иисус.
- Что мне делать со своей жизнью? Положи её на Крест.
- Как мне получить ответы на молитвы? Обратись к Иисусу.
- Меня одолевают всевозможные страхи! Тебе нужен Иисус.

Кеннет Хейгин учил: «Если мы хотим возрастать духовно, нам необходим дух мудрости и откровения от Христа и Его Слова. И его невозможно получить через интеллект. Святой Дух должен Сам открыть его нам»[77].

Иисус – это полнота Евангелия. Вы не найдёте ничего мудрее Иисуса. Нет никого более проницательного, чем Иисус. Нет иного пути, кроме Иисуса. Вам не найти ничего более ценного, чем Крест Христов. И нести его несравненно легче, чем что-либо другое. Вы не встретите лучшего партнёра и не испытаете более могущественную силу, чем Святой Дух.

В наши дни многие случаи покаяния осуществляются плотью. Вот почему люди вроде и принимают Иисуса, но их духовный энтузиазм новорождённого остаётся практически на нуле. Они по-прежнему показываются в церкви всего раз в месяц.

Они так и не интересуются молитвенными собраниями. Меня всегда это озадачивало.

Всё дело в том, что мы заманиваем людей в христианство. Например, я бывал на собрании, где проповедник говорил примерно следующее: «А теперь все склоним головы и закроем глаза. Никто не смотрит по сторонам. Это между вами и Богом. Поднимите руку, если хотите принять Иисуса». Кто-то поднимает руки, и пастор говорит: «А теперь все, кто поднял руку, выходите вперёд!»

Всегда задавался вопросом: зачем ты просил всех закрыть глаза? Зачем было говорить, чтобы никто не смотрел по сторонам? Ты просто заманил людей в ловушку.

Один евангелист, заканчивая своё выступление, говорил: «Если хотите испытать Божий огонь, выходите к алтарю». Многие и вышли. В конце концов, кто ж не хочет Божьего огня? И вот уже евангелист молится: «Благодарю Тебя, Иисус, за всех этих людей, которые вышли вперёд, признавая Тебя Спасителем!»

Выходит, что это лишь один из способов поднять статистику обращений ради красивой отчётности. А потом мы удивляемся, почему вся эта история не выдерживает испытание временем.

Как ни печально, мало что изменилось с тех пор, как почти семьдесят лет тому назад Леонард Равенхилл писал в книге *Почему задерживается пробуждение*: «Евангелисты в наши дни прекрасно подготовлены к тому, чтобы служить чем угодно кому угодно до тех пор, пока они могут заманить кого-нибудь к алтарю ради чего-нибудь. Они без устали взывают: “Кто нуждается в помощи? Кому нужно больше силы? Кто хочет приблизиться к Богу?” Такое греховное покаянное “простоверие” бесчестит Кровь и бесславит алтарь»[78].

Некоторые учат, как лучше всего подвести людей к принятию Бога. В одном видеоуроке пастор упирает на тот факт, что люди в Соединённых Штатах в целом живут хорошо. Им не приходиться бороться за краюху хлеба. Вот поэтому призыв к покаянию должен звучать примерно так: «Вы живёте хорошей жизнью, но есть жизнь лучшая».

Но такой призыв очень хорошо откликается у плоти, привлекая самость и жадность. Леонард Равенхилл пишет: «Нам приходится приукрашивать алтарь, потому что алтарь – это место смерти. Пусть же те, кто не хочет платить столь высокую цену, оставят его в покое![79]»

Иисус умер не для того, чтобы обеспечить нам лучшую жизнь на земле. Он пришёл, чтобы искупить нас. Ранняя Церковь не могла похвастать наличием земных благ. Строго говоря, они их все потеряли. Но то, что приобрели, было настолько ценнее, что обмен был совершенно стоящим того.

Молитвы покаяния в наши дни сильно отличаются от тогдашних. Мы сегодня говорим, что принимаем Иисуса, но часто опускаем объяснение: «Господи, признаю: я грешник. Прости меня!». Получается, люди принимают Иисуса как одного из возможных богов и идолов. Они едва ли понимают, что делают, когда принимают Иисуса, не осознавая, что именно Он сделал для них.

Первым словом Радостной вести было: «Покайтесь!» Когда Иоанн Креститель вышел на служение, он провозглашал: «Покайтесь, потому что Царство Небесное уже близко!» (Мф 3:2). Начиная Своё служение, Иисус говорил всё то же самое (Мф 4:17). И Своим ученикам Он велел проповедовать ту же самую истину (Мф 10:7).

Пробуждение грядёт. Я чувствую это в своём духе. Я вижу, как оно запруживает нашу страну, подобно гигантской цунами. Это пробуждение будет похоже на потоп, накрывающий все города и штаты. Оно прольётся во все улицы и районы. Грядущее пробуждение вторгнется и пропитает всю нацию и выплеснется в остальной мир.

Но ему не бывать без подлинного покаяния и обновления. Нам нужно снова повернуться лицом к Христу. Он есть Дух, а значит ищет тех, кто будет жить по Духу. Мы родились от Духа, и в Гал 5:25 сказано: «Если Дух дал нам жизнь, так давайте же будем и поступать по Духу».

ПРОРОЧЕСКИЙ ПЛАГИАТ

Размышляя о Церкви обольщённой, не могу проигнорировать этот пункт. Отдельные люди идут на такие крайности, что заимствуют и провозглашают пророческие слова других. Они не всегда говорят, что Господь открыл это лично им, но слушатели предполагают именно так.

«До умопомрачения желая оставаться популярными, некоторые люди воруют откровения других проповедников и выдают за свои»[80], – пишет Марио Мурильо. Одно дело присвоить откровения библейские. Я бы сказал, что все мы в определённом смысле заимствуем их, питаемся из одного источника. Апостол Павел наверняка не стал бы возражать, что мы цитируем и разбираем его послания.

Но я хочу обозначить плагиат, который вышел на совсем иной уровень – когда проповедники берут чужие пророческие слова и выдают их за свои. Например, один уважаемый служитель пророчествовал, что Трамп станет президентом на второй срок, и многие «примазались» к этому откровению, не получив ни слова напрямую от Бога. Они решили проехаться на чужом мнении и потерпели крах.

Другие выискивают пророческие прозрения у людей одарённых, чтобы немного погодя высказать их в своей проповеди. Вместо того чтобы самостоятельно созидать личные отношения со Святым Духом, они гоняются за даром другого человека.

Те, кто рвутся в служение без Иисуса, убегут потрёпанные дьяволом.

Вот почему пророк Иеремия говорил: «Потому Я против пророков, – возвещает Господь, – что крадут друг у друга Мои слова» (Иер 23:30).

Подражание пророкам напоминает мне библейский рассказ о сыновьях Скевы, которые копировали действия апостола Павла, не зная Бога так, как Его знал сам Павел (Деян 19). Опасное занятие, оказывается. Вместо того чтобы взыскать Бога и услышать Его голос, они пошли простым путём.

В итоге и с современными подражателями исход будет таким же. Те, кто рвутся в служение без Иисуса, убегут потрёпанные дьяволом.

Видите ли, Павел всегда радовался тому, что Евангелие возвещается – пусть даже и с корыстными мотивами: «Ну что же? Ложные или искренние побуждения ими руководят, главное, что они говорят о Христе, и я рад этому. И я не перестану радоваться» (Флп 1:18). Слово Божье воздействует на сердце слушателей в любом случае, однако такое отношение может нанести урон тому, кто проповедует.

Шон Болц высказывается на эту тему: «Он [Бог] хочет пробить брешь сквозь наши манипуляционные подходы, с помощью которых мы прибегаем к естественной и духовной информации, только бы вырваться вперёд, – чтобы помочь нам избавиться от менталитета продуктивности»[81]. К пророческому делу никогда не следует применять расхожий принцип: «Делай вид, что всё получается, пока и впрямь не получится».

В некоторых ситуациях такой подход кажется допустимым и даже совсем невинным. В конце концов, люди поднимают руки и ощущают прикосновение Духа. Но это то, что Джеймс Мэлони называет «духом Валаама» в своей книге *Танцующая рука Бога*. Коротко говоря, дух Валаама – это имитация Божьей деятельности. Он проявился в поведении прозорливца Валаама, обусловленном его любовью к материальной выгоде[82]. Одно дело, когда кто-то даёт слово, которое ты озвучиваешь, но совсем другое – заявлять, что ты сам его получил. Духовный плагиат.

Почему бы вам не запереться в тайной комнате и взыскать Бога до тех пор, пока не услышите Его голос конкретно вам? Он хочет общаться лично с вами. Он не злится на вас, и вы не какой-то там второсортный христианин. Имейте веру и не соглашайтесь на что-то меньшее, чем прямое и тесное общение со Святым Духом.

Никто из нас не застрахован от такой проблемы. Даже пророк Нафан совершил ошибку, когда пророчески заверил царя Давида, что он может браться за постройку величайшего церковного здания тогдашней эпохи. «Нафан ответил царю: “Иди и делай всё, что у тебя на сердце, потому что Господь с тобой”» (2 Цар 7:3).

Нафан был настоящим пророком, но в этом случае допустил оплошность. Почему он так сказал? Предполагаю, что Нафан учился у Самуила и мог слышать, что наставник сказал Саулу, когда тот был помазан на царство (1 Цар 10:7). И вот Нафан фактически повторил Давиду слова, которые Самуил озвучивал в адрес Саула.

Из этого можно уяснить: пророческое слово, сказанное одному человеку, далеко не всегда можно применить к другому. Нафан допустил ошибку. Но Бог не поразил его смертью на месте, а просто разбудил ночью и заставил вернуться к Давиду, чтобы исправить промах. У пророка хватило смирения так и сделать, и за этим последовало удивительное пророчество, которое исполнилось в полной мере.

Нафану следовало бы поговорить с Богом прежде, чем отвечать на вопрос царя, и не пользоваться лексиконом других пророков. (Всю историю можно прочесть в 1 Пар 17.)

Нам нужно отказаться от своих плотских усилий. Пришла пора вернуться к Духу. Давайте вернёмся к Христу. Разорвите отношения с плотью. Более того, распните её. Исследуйте своё сердце, чтобы убедиться, что не принадлежите к Церкви, обольщённой плотью. Очистите себя, чтобы быть готовой Невестой, выстоявшей перед лицом великих мирских искушений.

ГОТОВНОСТЬ НОМЕР ОДИН

ГЛАВА 12

НАЧАЛО КОНЦА

«Увидевшие знамение Его знают, что приближается время явления Его. “Те, кто мудр, поймут” (Дан 12:10), и, как мудрецы с Востока, “возрадуются радостью великой”, последовав за Ним, по безлюдному, полному опасностей пути, через тяготы, огорчения и запинки, чтобы наконец и им добраться до “дома” (более великого, построенного из “камней живых”) и “младенца” – младенца-мужа...».[83]

СПУСТЯ НЕСКОЛЬКО МЕСЯЦЕВ ПОСЛЕ ТОГО, как я взялся писать книгу, у меня была два сна за ночь. Выглядело так, будто Святой Дух хотел сказать (как было с Иосифом): «А то, что сон повторился фараону дважды, означает, что Бог твердо определил это и вскоре исполнит Свой замысел» (Быт 41:32).

В первом сне один пастор пригласил меня на встречу в свою церковь. Когда я прибыл, мы вместе с ним прошли в зал. Но вдруг Святой Дух выдернул меня из здания и перенёс по воздуху на тротуар напротив церкви. Затем у меня на глазах здание рухнуло – оно было кирпичным, но на его месте не осталось кирпича на кирпиче; всё строение полностью сравнялось с землёй. Это было ужасное зрелище, и я понял, что разрушение необратимо.

Сразу же после этого сна я увидел другой. В нём я видел человека, в котором узнал Святого Духа. Он сидел за столом в пасторском кабинете, вызвав самого пастора для того, чтобы объявить вердикт о его служении.

Тот человек (Святой Дух) позволил мне наблюдать за этим заседанием, словно я был свидетелем. Я видел, как он писал что-то на официальных бумагах в абсолютном безмолвии. Держа в руках ручку, он ставил подписи в разных местах бумаг.

Вызванный пастор пребывал в панике. Пока он нервно расхаживал по комнате, его прямо потряхивало, и он даже подавился кофе. Пастор попытался заговорить с сидящим за его столом человеком, но тот строго его оборвал: «Я был твоим другом. Мы так хорошо знали друг друга. Но теперь я судья. Это не розыгрыш. У тебя был шанс, а теперь возврата нет».

Заглянув в бумаги, которые подписывал Святой Дух, я понял, что он официально лишает пастора его сана. Пастор лишался своего духовного статуса.

Я проснулся с ощущением страха и беспокойства. Дело было нешуточное. Было ясно, что это не простой сон; проигнорировать его было бы крайне неразумно.

Я спросил Святого Духа: «Что мне с этим делать? Это слишком суровое послание. Не могу же я разъезжать, проповедуя это в церквях. Ты должен подтвердить это слово, чтобы я знал, что говорю подлинное пророческое откровение». В течение недели Святой Дух подтвердил, что это был сон от Него, по меньшей мере четырьмя отдельными случаями.

Марио Мурильо предостерегает: «Два вещи могли бы испугать нас до предела: если бы мы знали своё истинное состояние перед Богом и если бы мы знали, как близка Америка к уничтожению. Нам нужен Дар свыше»[84].

Мы живём, как жили люди во дни Ноя (Мф 24:37). Враг не только проник в современную культуру, но и вторгся в Церковь. Дерек Принс перечисляет основные проблемы, спровоцировавшие потоп: «Первое, сатанинское проникновение. Второе, развращённое мышление. Третье, сексуальные извращения. Четвёртое, насилие. Пятое, нескрываемая, агрессивная гомосексуальность. Шестое, материализм. И седьмое, доброе: один человек, ходящий перед Богом праведно»[85].

Иисус провозглашает грядущий суд, одновременно ожидая от нас смирения, которые отвратили бы его.

Причина, почему суд начнётся с дома Божьего (1 Петр 4:17), заключается в том, что все перечисленные выше явления присущи современной Церкви. Мы живём «во дни Ноя».

Бог озвучил приговор ради покаяния. Иисус провозглашает грядущий суд, одновременно ожидая от нас благоразумия и смирения, которые отвратили бы его. Он говорит, что совершит суд, хотя надеется, что это не понадобится. «Господь не откладывает исполнения того, что Он обещал, хоть некоторые и называют это промедлением. Он очень терпелив к вам, не желая, чтобы кто-нибудь погиб, но чтобы все покаялись» (2 Петр 3:9).

Я понимаю, что это прозвучит жёстко, и принять мои слова сложно, но поверьте: это ещё совсем не страшно. Апостол Павел пишет: «Итак, зная страх Господень, мы вразумляем людей» (2 Кор 5:11, СП). Знаете ли вы страх Господень? Как часто мы произносим или слышим проповеди с таким содержанием? Современной Церкви ещё предстоит познакомиться с таким Иисусом – «Он одет в плащ, обагрённый кровью, и имя Его – Слово Божье» (Откр 19:13).

Он – Слово Божье, которое «живёт и действует, оно острее, чем любой обоюдоострый меч, и проникает в самые глубины нашей сущности, туда, где проходит граница между душой и духом, до суставов и костного мозга. Оно судит мысли и сердечные побуждения» (Евр 4:12). Когда вы в последний раз испытывали такое пронзительное проникновение?

Бог никогда не прижмёт человека к стене, не предоставив выхода. Даже при самом суровом приговоре, Он укажет путь, если только человек согласится по нему пойти. Иисус говорит Лаодикийской церкви, что Он их вот-вот изрыгнёт, однако при этом объясняет, как избежать такого развития событий.

Святой Дух обращается к современной Церкви: «Покайтесь и подготовьтесь. Будьте готовы измениться, и гнев будет отвращён». Марк Сэйерс пишет в книге *Перерождающаяся Церковь*: «Чтобы наступило обновление, мы должны дойти до точки, где примем решение не терпеть дольше своё нынешнее состояние»[86]. «Но когда Сын Человеческий придёт, то найдёт ли Он веру на земле?» (Лк 18:8).

Читая книгу, обнаружили ли вы какие-то области своей жизни, о которых следовало бы поговорить с Иисусом? Нет ли в вашей жизни или служении самодовольного благодушия? Давно ли вы всерьёз задумывались о Его втором пришествии? Что вами движет: вечность или земные блага? Позвольте себе быть предельно откровенными перед Святым Духом и самим собой. Строго между вами. Отложите книгу и поговорите с Ним немного. Смягчите своё сердце, чтобы Он мог сделать нечто прекрасное и изумительное внутри вас.

ПРЕДРОДОВЫЕ МУКИ ПОСЛЕДНИХ ДНЕЙ

С самого начала истории человечества люди веры жили с сильным ожиданием Спасителя. При этом невежды оставались равнодушными к Божьим делам. От Евы в Книге Бытия до Иоанна в Откровении мы снова и снова видим вдохновляющие примеры того, как ожидать пришествия Христа. И теперь, в двадцать первом веке, мы подобрались к развязке драмы. Мы стоим на пороге явления Сына Человеческого.

Очень скоро мы увидим Иисуса лицом к лицу – так, как увидел Иоанн: «Я увидел святой город – новый Иерусалим. Он спускался с небес от Бога, приготовленный как невеста, украшенная для своего мужа» (Откр 21:2).

Очень скоро ангел провозгласит: «Пойдём, я покажу тебе невесту, жену Ягнёнка!» (Откр 21:9). В самом конце книги ангел называет её женой. Она будет готова, и свершится бракосочетание. Такое вот обещание.

Отец вписал второе пришествие в календарь мироздания, но даже Сын не получил приглашение на конкретную дату. «Но о том дне и часе не знает никто, кроме Отца – ни ангелы на небесах, ни Сын» (Мф 24:36).

Для Иисуса Его бракосочетание станет столь же внезапным, как и для нас. Жизнь в вечности будет идти своим чередом, как вдруг Отец подойдёт к Иисусу и скажет: «Сынок, пора. Можешь пойти и взять Свою Невесту». В тот момент Иисус тоже должен быть готов сразу же отправляться на землю. Он не получит извещение заблаговременно.

Отец хранит это грандиозное событие в тайне, но не оставил нас без малейшей зацепки. Вот почему я пишу столь уверенно. Хотя мы не знаем ни дня, ни часа, нам хорошо известны признаки времени. Иисус озвучил пять пунктов, характерных для времени, когда Он вернётся.

1. *Обольщение расцветёт пышным цветом* (Мф 24:4; 10–12)

Мы говорили об этом в книге. Огромное количество людей были одурачены всевозможными поддельными «иисусами», ложными спасителями и широкими путями на небо. Всё больше и больше церквей и деноминаций отходят от здравого учения. Можно для примера взять последние десять лет; беззаконие постоянно усиливается.

2. *Войны и военные слухи* (Мф 24:6)

В отличие от других периодов истории человечества, войны нынче бушуют повсюду. Они вспыхивают всё чаще и чаще по всему миру. Беспрецедентные военные действия идут повсеместно. Сто лет назад мы даже придумали слово, которое раньше не могло применяться – «мировая война».

3. *Природные бедствия* (Мф 24:7)

Ужасные землетрясения, эпидемии и голод происходят по всему миру в настоящее время. Землетрясения становятся всё более разрушительными и происходят всё чаще с каждым годом. В мире голодает больше людей, чем в любой другой отрезок истории, несмотря на то что у нас больше еды, чем в любой другой отрезок истории.

4. *Гонения на христиан* (Мф 24:9)

Христиане наших дней испытывают больше гонений, чем в любой другой отрезок истории. Возможно, живя в Америке, в это трудно поверить, но в глобальном масштабе дело обстоит именно так. Да и в США враждебное настроение против христиан нарастает.

5. *Проповедь Евангелия по всему миру* (Мф 24:14)

Только пятый признак вызывает положительные эмоции. Сегодня предельно ясно одно: несмотря на то, что тьма максимально сгустилась, Божий свет ярко сияет. Люди принимают Иисуса в беспрецедентных для всей истории количествах. Евангелие окутывает земной шар, остаётся лишь несколько мест, которые ещё не услышали Радостной Вести.

Иисус негодовал: «Лицемеры! Вы знаете, что означают приметы земли и неба, так почему же вы не знаете, какое настало время?» (Лк 12:56). Мы не можем оставаться в неведении. Необходимо распознать время, в котором мы живём, и действовать соответственно. Если не предпринять необходимые действия, нас постигнет участь Иерусалима, о которой Иисус заплакал, горько сожалея, что люди не узнали времени посещения (Лк 19:41–44).

Иисус оставил много подсказок, и у нас нет ни единой отговорки за то, что мы не поняли признаков времени.

Пять признаков, о которых говорилось выше, Иисус называл «началом родовых схваток» (Мф 24:8). Их невозможно предотвратить. Они должны произойти до того, как вернётся Иисус. Предродовые схватки должны начаться, чтобы Младенец был рождён.

«Вы и сами хорошо знаете, что День Господа придёт неожиданно, как вор ночью. Люди будут говорить «мир и безопасность», но внезапно их постигнет гибель, как родовые схватки неожиданно застигают беременную женщину, и тогда никто не убежит» (1 Фес 5:2–3).

Если ваша жена была беременной, вы могли заметить, что она мучается от боли, когда начинаются схватки. Было бы глупо звонить врачу и умолять остановить процесс. Любой здравомыслящий человек понимает, что мать вынуждена вытерпеть боль, чтобы на свет появился долгожданный ребёнок.

Многие верующие в наши дни молятся, чтобы эти предродовые симптомы остановились, не понимая, что тем самым они возражают против второго пришествия Жениха. Раннехристианская Церковь никогда не молилась о том, чтобы гонения прекратились. Вместо этого они просили смелости (Деян 4:29). Вот и нам следует просить того же, переживая время болезненных схваток. Нам же хочется наконец встретить Сына?

Но как подготовиться к этой встрече?

Не так уж это и сложно. Строго говоря, есть всего три условия для того, чтобы стать Невестой. Может быть больше, но эти три основные. Эти предварительные требования превосходят все титулы, ярлыки, статусные полномочия и средства влияния. Они позволяют объективно оценить всё в контексте отношений с Иисусом. Любой человек, пожелав, может соответствовать этим критериям.

ВО-ПЕРВЫХ, БЫТЬ БЕЗОГОВОРОЧНО ПРЕДАННЫМИ ИИСУСУ

Мы говорим о преданности сердечной, которая основана не на религиозности или доктринальном соответствии. Она не связана только с интеллектуальным познанием. Речь идёт о безоглядной преданности, которая вынуждает человека целиком и полностью, беспрекословно повиноваться Ему.

Жизнь тотального посвящения не оставляет места плоти. Не может быть никаких дополнительных «любовей». Есть только один муж, одна преданность, одна любовь – Иисус Христос, Жених. «Ведь написано: “Двое станут одной плотью”. Тот же, кто соединяется с Господом, является одним духом с *Ним*» (1 Кор 6:16–17).

Соединиться с Господом, стать одним духом с Ним – значит думать, действовать и жить, как Он. «“Поэтому оставит человек отца и мать и соединится со своей женой, и двое станут одной плотью”. В этом великая тайна, но я говорю вам, что слова эти относятся к взаимоотношениям Христа и Церкви» (Еф 5:31–32).

На самом деле, это чрезвычайно важно. Разумеется, все мы понимаем лишь отчасти, а отчасти – догадываемся. Даже апостолу Павлу приходилось признавать, что это великая тайна – соединение с Иисусом. Чтобы лучше пояснить её, Павел прибегнул к аналогии супружеского союза, показывая, какого рода отношения должны отличать союз Невесты и Иисуса Христа.

Мы должны выполнять свою часть, поскольку Иисус уже выполнил свою, благодаря чему мы и обручились с Ним. «Я ревную о вас Божьей ревностью. Я обручил вас с единственным Мужем – Христом, чтобы вы предстали перед Ним как невинная невеста» (2 Кор 11:2).

Обручение было более серьёзным делом, чем простая помолвка. По сути, это был неразрывный союз. Если такое случалось, разрыв считался прелюбодеянием и разводом.

> Разве вы не знаете, что неправедные не наследуют Царства Божьего? Смотрите, чтобы вам не обмануться. Никакие развратники, никакие идолопоклонники, нарушители супружеской верности, пассивные и активные гомосексуалисты-мужчины, воры, корыстолюбцы или пьяницы, клеветники или мошенники Царства Божьего не наследуют. А некоторые из вас именно такими и были, но вы были омыты, освящены и оправданы Духом нашего Бога во имя Господа Иисуса Христа.
>
> **Первое послание коринфянам 6:9–11**

Здесь апостол напоминает о нашем прошлом, чтобы указать, куда переместил нас Бог по Своей безмерной милости. Павел не стесняется сказать: «Некоторые из вас именно такими и были» (1 Кор 6:11). Однако, благодаря благовестию апостола спасение было подарено коринфским христианам. Проповедь Евангелия стала средством их обручения с Иисусом Христом.

Но вернёмся к предыдущему аргументу апостола: «Но боюсь, что как Ева была обманута хитрым змеем, так и ваши умы могут уклониться от искреннего и чистого посвящения Христу» (2 Кор 11:3). Слово «простота», которое используется в Синодальном переводе, на древнегреческом языке несёт в себе идею неприхотливости и искренности.

Итак, хотя речь идёт о настоящем обручении, законном союзе, апостол Павел опасается, что бракосочетание может не состояться.

Некоторые скажут, что мы не можем потерять спасение, потому что это дар, а Бог не отбирает Свои дары. С этим можно согласиться, не станет Он отнимать Свой подарок. Однако всегда есть вероятность, что мы сами выбросим его. Невозможно рассматривать духовную реальность сквозь призму человеческой логики. Кто-то уверен: если уж отпал от веры – значит, ты никогда и не был спасён. Однако из слов, приведённых выше, ясно, что всё было по-настоящему. Коринфяне были спасены и были обручены с Женихом. И всё же, поддавшись на хитрость змея, кто-то мог уклониться от истины.

Невозможно рассматривать духовную реальность сквозь призму человеческой логики.

Церковь попалась на крючок с самой простой приманкой. А необходимы всего-то неприхотливость и искренность. Павел не мог выразиться точнее. Эти два качества стали в наши дни редчайшими драгоценностями. Мы забыли (особенно здесь, в США), каково это – жить в простоте, искренне и неприхотливо.

Нами движет желание улучшать своё положение и комфорт, позволять себе всё больше и больше – пока можно справиться со счетами. Никто не задумывается о конечной стоимости; покажите месячные платежи – надеюсь, мне по карману. Ничего замысловатого, но как же коварно!

Нет ничего плохого в том, чтобы улучшить свою жизнь, когда Господь благословляет. Однако всегда нужно помнить о хитрости врага и оставаться начеку. Когда пытаешься вписаться в стандарты окружающих, вести такой же образ жизни, ум очень быстро наполняется мирскими понятиями, лишая сосредоточенности на «горнем», или небесном (Кол 3:2).

Можно возжелать чего-то так сильно, что будешь готов устроиться на вторую работу или работать сверхурочно, только бы погасить затраты на более роскошный образ жизни. Ничего особо греховного в этом нет, однако это отнимает время, энергию и ревность по Господу, которые стоило бы вложить в укрепление отношений с Женихом.

Я не против благословений, и даже переeду в дом получше, когда Господь меня благословит. Однако я не переживаю об этом и не рву жилы по поводу того, что всё равно так или иначе сгорит. Я хочу остаться преданным своему Жениху.

Искренность. Как же её недостаёт! Встретить в наши дни кристально честного человека – большая редкость. О чём бы ни заходила речь, всё оказывается покрытой сладкой глазурью. Все такие приятные и милые, но я с куда большим удовольствием послушал бы о том, во что ты действительно веришь. (Можете и меня обличить в недостатке искренности, если считаете нужным!)

В конце концов, Библия рекомендует признаваться в своих проступках друг перед другом. Но как это возможно без искренности? «Благодать со всеми, кто неизменно [не меняя отношения, искренне] любит нашего Господа Иисуса Христа» (Еф 6:24).

Страшно сказать: недостаток двух простых качеств может увести нас так далеко, что обручение с Женихом будет аннулировано.

«Так и Христос, однажды принеся Себя в жертву, чтобы подъять грехи многих, во второй раз явится не для *очищения* греха, а для ожидающих Его во спасение» (Евр 9:28, СП). Кому Он явится? Тем, кто ревностно Его ожидает, пребывая в постоянной надежде на пришествие. Впрямь как герои веры Ветхого Завета и раннехристианская Церковь. Всем остальным Его пришествие сулит вовсе не спасение. Для него будет слишком поздно. Он придёт за другой группой людей.Из этого следует, что главной заботой Невесты должно быть пылкое ожидание Жениха, постоянная подготовка к этому событию.

В свете этого позвольте задать вопрос: есть ли в вас такое желание? Тоскуете ли вы по Жениху, ждёте ли Его появления – и не просто дожидаетесь, а со всей пылкостью влюблённой? Жаждете ли вы встречи с Ним или весть о последнем времени пугает вас? Некоторые так и говорят: «Помедли, Господи, пока не возвращайся. Здесь ещё столько всего нужно сделать».

Как можно произносить такую молитву? Неужели вы и к будущей супруге испытывали похожие чувства? «Эй, крошка, я собираюсь на тебе жениться. Мы уже с тобой даже помолвлены. Но я пока не спешу назначать дату бракосочетания, потому что не знаю, когда мне надоест болтаться с друзьями-холостяками». Что ж, пожелаю-ка я вам удачи с таким-то отношением!

Не говорите Иисусу, что любите Его, если не хотите, чтобы Он вернулся как можно скорее. Сердце Невесты бодрствует непрестанно, ожидая Его прихода. Никакой расхлябанности и лишней суеты. Она ждёт, и ничто не отвлечёт её внимания.

ВО-ВТОРЫХ, ПОЗАБОТЬТЕСЬ О СООТВЕТСТВУЮЩЕЙ ОДЕЖДЕ

Второе необходимое условия – соответствующая поводу одежда. В Библии немало сказано об одежде, особенно в Книге Откровения.

> Затем я услышал голос, звучавший как голос множества людей, или как шум могучих вод, или как мощный раскат грома: «Аллилуйя! Потому что наш Господь Бог Вседержитель воцарился! Давайте радоваться и веселиться! Воздадим Ему славу! Наступил час бракосочетания Ягненка! Его невеста уже приготовила себя! Ей дано тончайшее льняное

платье, чистое и блестящее». (Это платье – символ праведных дел святых.)

Откровение 19:6–8

Дерек Принс на этот счёт учил так: «Когда мы впервые принимаем Иисуса как Спасителя и Господа, нам вменяется Его праведность. Но когда мы живём для Него, она должна проявляться в нашей жизни. И здесь речь уже идёт не о вменённой праведности, а о проявляемой, осуществляемой. Брачное одеяние Невесты состоит из праведных дел»[87].

Из праведных дел Невесты соткан её свадебный наряд. Их не стоит путать с праведностью, которая приобретается в момент спасения – она даётся даром, перед алтарём покаяния. Дела же праведности – это нечто иное.

Некоторые утверждают, что дела вовсе не нужны, поскольку мы получаем спасение верой, а не делами. Совершенно верно, и всё же праведность деятельна. Она выражается в соответствующем образе жизни.

У Церкви до сих пор остаётся много работы. Мне нравится, как выразился Дерек Принс: «Иногда я позволял себе говорить, что, по моим наблюдениям, современная Церковь приобрела достаточно ткани, чтобы пошить себе бикини. Но материала явно маловато для бракосочетания»[88].

«Вот! Я приду неожиданно, как вор! Блажен тот, кто бодрствует и хранит свою одежду, чтобы ему не ходить нагим, выставляя напоказ свою срамоту» (Откр 16:15).

Пора уже взяться за приготовления. Ни одна невеста не начинает процесс подготовки, когда жених уже стоит на пороге. Невеста готовится заблаговременно; если сегодня не взяться за дело, завтра окажется слишком поздно. Не надо строить планы на более поздние сроки – то есть, когда Он уже явится. Готовиться нужно сейчас.

Во 2-й и 3-й главах Откровения, в посланиях семи церквям, есть выражение, которое Иисус повторяет каждой церкви. «Знаю дела твои. Знаю, чем ты занят». Иисус не говорит: «Я знаю ваши доктрины, вероучительные документы деноминации, богословские выкладки».

Иными словами, Иисус говорит: «Мне особо не нужно слышать ваши словеса. Я знаю ваши дела». Праведны ли ваши дела? Верующие получили праведность как таковую, но многие так и не показывают эту праведность на деле.

Приняв Иисуса, многие становятся чуток лучше. Покаявшись, они признаются, что бросили курить. Замечательно, но курить и начинать-то не следовало. Другие хвалятся, что перестали орать на детей. Отлично, но этого не нужно было делать и без покаяния.

Я хотел бы видеть покаяния, когда люди разворачиваются на сто восемьдесят градусов, после чего они начинают гореть для Иисуса. Это заставляет их посещать каждое молитвенное собрание, искать возможности быть на каждом собрании святых, пылать желанием исполнять Великое поручение Христа.

Если где-то нет молитвенного собрания, они его непременно начнут. Они погружаются в чтение и изучение Слова Божьего. Они без оглядки влюбляются в Иисуса, потому что знают, какой ценой добыта их праведность.

Итак, мы видим кающихся людей, но единственное заметное отличие заключается в том, что ты начинаешь немного чаще встречать их по воскресеньям. Приходя, они нередко болтаются по коридорам во время богослужения, но это же всё-таки коридоры церкви, верно?

Я встречал людей, которые каялись и принимали водное крещение только для того, чтобы у пастора было моральное или законное право сочетать парня с девушкой. Как только это случилось, их словно ветром сдувает. Парочка отлично понимала, чего они оба добивались. Не менее отлично это понимал и пастор. И всё же ни одним, ни другому не хватает страха перед Господом, чтобы поступить правильно. Раннехристианская Церковь не могла стерпеть подобное легкомысленное отношение к священным духовным действиям.

«Фарисеям и саддукеям, которые приходили к нему, чтобы креститься, Иоанн сказал: “Вы, змеиное отродье! Кто предупредил вас, чтобы вы бежали от грядущего гнева? Делами докажите искренность вашего покаяния"» (Мф 3:7–8).

По нынешним меркам, Иоанн совсем слетел с катушек. Ну, в самом-то деле. Эти бедные фарисеи хотели всего лишь креститься. С чего он так налетел на них? Ужасный грубиян! (Я упражняюсь в сарказме, если вы вдруг не заметили.)

Иоанн понимал, что мотивы этих фарисеев и саддукеев были неверными. Он их насквозь видел. Принятие крещения от Иоанна могло улучшить им репутацию в глазах толп народа, окружавших Крестителя. Возможно, у фарисеев даже вышло бы проникнуть в близкий круг последователей Иоанна. Это крещение было для них всего лишь религиозным актом, а не решением наладить отношения с Богом.

В Иоанне Крестителе не было лицеприятия, он не угождал людям. Религиозным вождям он в лоб говорил, что у них не получится спастись от суда, всего лишь намочившись. Подлинность покаяния должно было получить подтверждение в виде изменённого образа жизни. Д-р Рэнди Кларк как-то сказал в проповеди: «На мой взгляд, сотни тысяч людей по всей Америке сидят на церковных скамьях, думая, что они спасены, но это совсем не так»[89]. В дополнение к этому утверждению проповедник добавил, что отчасти вина лежит на руководителях общин, которые не учат, насколько высоки стандарты нового рождения.

Спасение осуществляется не повторением молитвы, а в процессе изменения жизни.

На древнегреческом языке слово «покаяние» означает «перемену мышления и исправление образа жизни». Спасение становится реальным не после повторения молитвы, а в процессе перемены жизненных установок для того, чтобы оставить неправильный образ жизни.

Куда девался страх Господень? Многие так называемые верующие должны благодарить судьбу, что Дух Святой не реагирует так бурно, как было в дни апостолов, когда даже банальный обман спровоцировал трагические последствия (Деян 5). У верующих людей, особенно служителей, должны быть более высокие нравственные стандарты.

Марк Сэйерс писал: «Бог постоянно занят обновлением. Включаясь в этот процесс, мы начинаем ходить Его путями»[90]. Многие христиане подражают Иисусу, но только до того момента, как Ему исполнилось тридцать. Хорошие, богобоязненные люди, но не имеющие силы Святого Духа.

Когда Иисус сказал: «Кто верит в Меня, тот сможет делать то, что Я делаю. Он сможет сделать ещё больше...» (Ин 14:12), Он не имел в виду, что ты заработаешь больше денег, чем Иисус, пока Он работал на отца. И не то, что у тебя получится создать более процветающий бизнес, чем у Него – до того, как Он вышел на служение.

Говоря о более великих делах Иисус имел в виду период в три с половиной года, когда Он ходил в силе Святого Духа. Именно тогда он освобождал, исцелял, спасал – вот о чём Он вёл речь и к чему призывал.

Мы спасены не делами, но спасенные люди творят дела праведности.

Я не собираюсь никого судить. Поймите меня правильно. Вы же хорошо понимаете, что Господь сделал для нас? Он подарил нам вечность, наделил силой, а тем временем многие отвечают пассивностью и бездействием. Бог так возлюбил мир, что отдал Сына Своего единородного, а в ответ мы не всегда готовы даже отказаться от дурных привычек. Нам всем, всей Церкви, нужно заново влюбиться в Бога.

Я не хочу оставаться всего лишь спасённым грешником, а всей душой хочу быть Невестой Христа. У меня есть видение на мою жизнь, мною движет великая цель – сочетаться браком с моим Женихом. Это видение помогает мне сражаться с плотью. Делать это гораздо проще, когда хочешь быть Невестой. Намного легче служить людям, когда знаешь, что каждое дело праведности – это нитка, вплетаемая в свадебный наряд.

Ким Клемент исполнял пророческую песню на своих собраниях. Очень мягко он пел примерно так: «Жертва так прекрасна; я Тебя люблю. Жертвовать несложно; я Тебя люблю».

Все верующие попадут на брачный пир, но я хочу быть виновником торжества. Не просто гостем или сторонним наблюдателем – я хочу восседать за столом Жениха. Я хочу быть рядом с сердцем Иисуса.

Мне совсем не хочется быть тем, кто едва-едва втиснулся на пир, и потому находится так далеко от Жениха, что едва способен рассмотреть Его силуэт издали. Нет, я хочу ощущать Его дыхание. Я хочу быть так близко, что можно будет ясно расслышать Его нежный шёпот.

У вас есть перечень ваших праведных дел? То, что вы сделаете для Господа, станет вашим свадебным нарядом. Мы облачимся в то, что сделали ради Господа. Если хотите быть Невестой Христа, которая страстно ожидает Его прихода, не будьте ленивы. Не ждите подходящего настроения. Вставайте и беритесь за работу над свадебным нарядом.

В-ТРЕТЬИХ, БОДРСТВОВАТЬ

Заключительный третий шаг чрезвычайно важен. Он объединяет и держит два первых. Иисус раз за разом говорил о том, как следует себя вести перед лицом последнего времени. Чтобы быть готовым к возвращению Жениха, это крайне необходимо. Своих первых последователей Иисус призывал ни за что не забывать об этом.

Вот несколько упоминаний:

1. Поэтому ***бодрствуйте***, ведь вы не знаете, в какой день придёт ваш Господь (Мф 24:42).
2. Поэтому вы тоже ***должны быть готовы***, потому что Сын Человеческий придёт в час, когда вы Его не ждете (Мф 24:44).
3. Так и здесь, когда вы увидите, что всё это сбывается, знайте, что Он уже близко, ***у самых дверей*** (Мф 24:33).
4. Придёт его хозяин в тот день, когда он не ожидает, и в тот час, когда ***он не знает*** (Мф 24:50).
5. Поэтому ***бодрствуйте***: ведь вы не знаете ни дня, ни часа, в который придёт Сын Человеческий (Мф 25:13).
6. Прошло ***много времени***, и вот хозяин этих слуг вернулся и потребовал у них отчета (Мф 25:19).
7. ***Бодрствуйте*** и молитесь, чтобы вам не поддаться искушению (Мф 26:41).
8. Всегда ***бодрствуйте и молитесь***, чтобы вам оказаться в силах избежать всех этих бедствий и предстать перед Сыном Человеческим (Лк 21:36).
9. Смотрите, ***бодрствуйте***: ведь вы не знаете, когда это время наступит (Мк 13:33).
10. Так и вы – ***бодрствуйте***! Ведь вы не знаете, когда возвратится хозяин дома: может вечером, а может в полночь, может с пением петухов, а может на рассвете. Пусть же он, даже придя внезапно, не застанет вас спящими (Мк 13:35–36).
11. Знайте, что если бы хозяин дома знал, в котором часу придёт вор, то он не позволил бы ему проникнуть в свой дом. Вы тоже ***должны быть готовы***, потому что Сын Человеческий придёт в час, когда вы Его не ждете (Лк 12:39–40).
12. Придёт его хозяин ***в тот день, когда он не ожидает***, и в тот час, когда он не знает. Он рассечет его надвое и определит ему одну участь с неверными (Лк 12:46).
13. Всегда ***бодрствуйте*** и молитесь, чтобы вам оказаться в силах избежать всех этих бедствий и предстать перед Сыном Человеческим (Лк 21:36).

Этими словами Иисус лично призывает учеников быть настороже. Иначе говоря, бодрствовать, быть начеку, сохранять бдительность. Я уж не стану приводить примеры того, как сами ученики писали подобные воззвания церквям.

Бодрствуйте и молитесь. Всегда.

Быть бдительным или бодрствовать – не значит устраивать слежку. В Симфонии Стронга слово «бодрствовать» означает «сохранять внимательность, чтобы некое разрушительное бедствие внезапно не постигло человека из-за ослабления внимания и беспечности».

Убедительнее и не скажешь. Практически в каждой притче Иисус делает один и тот же вывод: вы не знаете, когда – поэтому бодрствуйте. Его Невеста будет готова, но войдёте ли вы в её число? Как это осуществляется на практике?

ГЛАВА 13

ЖИЗНЬ В ДУХЕ ПРОБУЖДЕНИЯ

ОСТАВАТЬСЯ БДИТЕЛЬНЫМ – совсем не трудная задача. Это очень живое состояние. Бодрствуя, ты живёшь победной жизнью.

Не нужно быть безразличной, глупой, спящей, бесплодной или обольщённой Церковью. Вы можете стать кем-то гораздо более величественной – Его Невестой.

Нет никакой необходимости усложнять. Всё довольно просто. Чтобы быть готовым, надо бодрствовать. Иначе говоря, жить в духе пробуждения.

Джеймс Мэлони пишет: «Пробуждение – это возвращение к основам; к искреннему поклонению Богу, к пылкому общению с Иисусом, к стремлению получить божественную мудрость, обретаемую при изучении Писания. Короче говоря, ко всему тому, чего искали апостолы в Деяниях, а также к знамениям и чудесам, которые им сопутствовали»[91].

Бодрствовать – значит не стремиться к благоустроенности. Это когда ты не желаешь быть безразличным и бездеятельным, а полон радикального рвения. Ты не полагаешься на собственные силы и не удовлетворяешься нынешним духовным положением. Тебе всегда хочется большего. «Но ты во всем будь трезв, переноси трудности, делай свою работу – возвещай Радостную Весть, исполняй своё служение» (2 Тим 4:5).

Бодрствовать – значит изучать и знать Писание. Это происходит, когда постоянно питаешься истиной, а не всякими ложными посылами, которые транслируются через новостные выпуски, социальные сети, сплетни и т.п. Ты живёшь Словом и не поддашься на глупость, в которую впала Галатийская церковь. «Поэтому приготовьте свой ум к действию. Храните самообладание, полностью надейтесь на благодать, которая будет вам дана, когда явится Иисус Христос» (1 Петр 1:13).

Бодрствовать – значит не оставаться в спящем состоянии. Это когда ты пребываешь в полном сознании, понимая окружающую действительность. Ты понимаешь, что время коротко. Ты замечаешь грандиозные события на пророческом горизонте, которые разворачиваются по всему миру. Ты улавливаешь звук шагов Жениха. «Поэтому не будем спать, как другие, но будем бодрствовать и оставаться трезвыми» (1 Фес 5:6).

Бодрствовать – значит не оставаться бесплодным. Это когда у тебя перед глазами только одно видение, одна миссия, одно желание – Иисус Христос. Сын Божий стал для тебя высшей ценностью, возлюбленным. Ничто не может заменить Его. «Пусть ваша кротость будет известна всем людям. Господь близко!» (Флп 4:5)

Бодрствовать – значит не оказаться и не оставаться в обольщении. Это когда ты не позволяешь себе ходить растленными путями плоти. Напротив, ты постоянно смиряешь себя, живя по Духу. Нет ничего, чем мир мог бы подкупить тебя, чтобы ты отказался от эффективности Духа. «Прошу вас, бодрствуйте! Будьте непоколебимы в вере! Будьте мужественны, будьте сильны» (1 Кор 16:13).

Вот что делает дух пробуждения, в котором мы призваны жить. Ищите общения с Иисусом, храните себя от религиозности, возвещайте Евангелие повсеместно. Это сделает вас сильными и непоколебимыми.

Ищите общения с Иисусом, храните себя от религиозности, возвещайте Евангелие повсеместно.

Сделайте целью своей жизни необходимость стать частью Невесты. Почаще заглядывайте в Притч 31 и старайтесь соответствовать этому прекрасному портрету. Молитесь о том, чтобы уподобиться идеальной жене, и вы никогда не утратите ощущения чуда, тайны, любви к Иисусу Христу.

Многое можно ещё говорить и добавлять к написанному. Я хочу вдохновить вас тщательнее углубиться в весть о последнем времени. Постоянно исследуйте себя. Будьте голосом истины, а не эхом культуры. Станьте здоровым органом в Теле Христовом, Его Церкви.

«Радуйтесь тому, что вы тоже участвуете в страданиях Христа, чтобы вам радоваться и веселиться и тогда, когда откроется Его слава» (1 Петр 4:13).

Дайте мне Иисуса!
Можете оставить себе весь мир.
Но дайте же мне Иисуса!

ПРИМЕЧАНИЯ

1 Leonard Ravenhill. *Revival God's Way*, p. 126.
2 T*he Passion Translation Bible*, p. 132.
3 Encounter Today (2023) Enoch's Lost Prophecy uncovered – pastor Alan DiDio, YouTube. Available at: https://www.youtube.com/watch?v=cDD1qB4VchU (Доступ: 30 October 2023).
4 *The Passion Translation*. The Book of Genesis, p. 25.
5 Слово в скобках добавлено автором.
6 "Holy, Righteous Simeon the God-Receiver." www.oca.org. (Доступ 27 апреля 2023).
7 Revelation: The seven trumpets and when they shall sound (2014) Endtime Ministries. The Endtime Show. Available at: https://www.endtime.com/blog/revelation-seven-trumpets-shall-sound/?fbclid=IwAR2WwWvIlnqnNw-2ohbtC670NcJjW1PyqR0uPq_AeJVWMqZZyXnT_4IFZKo (Доступ 30 октября 2023).
8 *The Passion Translation Bible*, p. 996. Комментарий к Притч 31:10.
9 James Maloney, *Ladies of Gold*, vol. 3, p. 42.
10 Church noun – definition, pictures, pronunciation and usage notes ... (no date) *Oxford Learner's Dictionary*. Available at: https://www.oxfordlearnersdictionaries.com/definition/english/church (Доступ 30 октября 2023).
11 Francis Chan, *Crazy Love*, p, 203.
12 Benny Hinn, *The Blood*, p. 147.
13 Life Action Ministries | REVIVAL FORUM 1989 https://www.sermonindex.net/modules/newbb/viewtopic.php?topic_id=61164&forum=34
14 Leonard Ravenhill, *Why Revival Tarries*, p. 101.

15 Warren W. Wiersbe, *The Bible Exposition Commentary*, p. 580.
16 Warren W. Wiersbe, *The Bible Exposition Commentary*, p. 580.
17 Vance Havner, *Repent or Else*, p. 86, 88.
18 Warren W. Wiersbe, *The Bible Exposition Commentary*, p, 581.
19 Vance Havner, Three-Score & Ten.
20 Bethel Music. "Seas of Crimson." Oh We Will Not Be Shaken. Bethel Music, 2015.
21 Johnson, B. (2015) Bill Johnson: Going face to face with God – Charisma Magazine Online, Charisma Magazine Online—The Magazine About Spirit-led Living. Available at: https://mycharisma.com/spiritled-living/supernaturaldreams/going-face-to-face-with-god/ (Доступ 30 октября 2023).
22 Leonard Ravenhill, *Why Revival Tarries*, p. 101.
23 Paul David Tripp, *Dangerous Calling*, p. 195.
24 Drs. Jerry & Carol Robeson, *Strongman's His Name: What's His Game?* p. 57.
25 Leonard Ravenhill, *Revival God's Way*, p. 52.
26 Reiland, D. (no date) How much money should your church spend and on what?, CFaith. Available at: https://www.cfaith.com/index.php/blog/38-articles/ministry/15860-how-much-money-should-your-church-spend-and-on-what (Доступ 30 октября 2023).
27 Maxwell, P. (2019) How churches really spend their money: 20 fascinating data points [a new study], Thite.ly. Available at: https://get.tithe.ly/blog/how-churches-really-spend-their-money-20-fascinating-data-points-a-new-study (Доступ 30 октября 2023).
28 Wei, J. (2023) Don't tell me where your priorities are – James W. Frick, Due. Available at: https://due.com/dont-tell-me-where-your-priorities-are-james-w-frick/ (Доступ 30 октября 2023).
29 Foster, D. (2023) How Churches Really Spend Their Money, Medium. Available at: https://medium.com/backyard-theology/how-churches-really-spend-their-money-93195ae92ce3 (Доступ 30 октября 2023).
30 Robby Dawkins, *Identity Thief*, p. 211–12.
31 Prince, D. (no date) Picture 2: The Body: Podcast: Derek Prince Ministries, Podcast | Derek Prince Ministries. Available at: https://www.derekprince.com/radio/654 (Доступ 30 октября 2023).
32 Descyple91 (2012) Vance Havner – Three Temptations of the Church, YouTube. Available at: https://www.youtube.com/watch?v=VpvR2gglc9s (Доступ 30 октября 2023).
33 God Has Not Passed You By | worldchallenge.org (no date) World Challenge. Available at: https://www.worldchallenge.org/god-has-not-passed-you (Доступ 30 октября 2023).
34 Prince, D. (no date) Sin, Righteousness, Judgment: Sermon: Derek Prince Ministries, Sermon | Derek Prince Ministries. Available at: https://www.derekprince.com/sermons/35 (Доступ 30 октября 2023).
35 iThink Biblically. (2022) Leonard Ravenhill | Sermon Jam | Are You Dead To Sin or Dead In Sin? YouTube. Available at: https://www.youtube.com/watch?v=raZgxsBOOxM (Доступ 4 декабря 2023)

36 Mark Sayers, *Reappearing Church*, p. 188.
37 Savchuk, V. (2020) 7. Why Discipleship Is The Solution for Pandemic and Persecution (Jason Lozano), YouTube. Available at: https://youtu.be/WlioSbOWK3I?si=o0RHbkwqpJc5-Tjj (Доступ 30 октября 2023).
38 Derek Prince, *Shaping History Through Prayer and Fasting*, p. 30.
39 Modeling The Future of Religion in America (2022) Pew Research Center's Religion & Public Life Project. Available at: https://www.pewresearch.org/religion/2022/09/13/modeling-the-future-of-religion-in-america/ (Доступ 30 октября 2023).
40 Foust, M. (2022) 'Shocking' New Poll: Only 37 percent of U.S. Pastors Hold a Biblical Worldview, ChristianHeadlines.com. Available at: https://www.christianheadlines.com/contributors/michael-foust/shocking-new-poll-only-37-percent-of-us-pastors-hold-a-biblical-worldview.html (Доступ 30 октября 2023).
41 Quintanilla, M. (2022) Survey: More than 1/3 of Senior Pastors Believe Being a 'Good Person' Can Earn You Salvation, ChristianHeadlines.com. Available at: https://www.christianheadlines.com/contributors/milton-quintanilla/survey-more-than-1-3-of-senior-pastors-believe-being-a-good-person-can-earn-you-salvation.html (Доступ 30 октября 2023).
42 James Maloney, *The Dancing Hand of God*, vol. 2, p. 39.
43 Mario Murillo, *Vessels of Fire and Glory*, p. 81.
44 Paul David Tripp, *Dangerous Calling*, p. 73.
45 Leonard Ravenhill, *Sodom Had No Bible*, p. 35.
46 Bob Larson, *Larson's Book on Spiritual Warfare*, p. 281.
47 Bob Larson, *Larson's Book on Spiritual Warfare*, p. 281.
48 Johnson, J. (2023) The Arm of The Flesh in America! Available at: https://youtu.be/QyQ9ZQxDXtM?si=sAXDv5FJpslXFEa3 (Доступ 30 октября 2023).
49 Mario Murillo, *Vessels of Fire and Glory*, p. 50.
50 Leonard Ravenhill, *Why Revival Tarries*, p. 137.
51 James Maloney, *Ladies of Gold*, vol. 1, p. 172.
52 *The Passion Translation Bible*. Комментарий к Деян 20:9.
53 Слова в скобках добавлены автором.
54 Mario Murillo, *Vessels of Fire and Glory*, p. 4.
55 Carlos Sarmiento, *Encountered by God*, pp. 31–32.
56 Mario Murillo, *Vessels of Fire and Glory*, p. 16.
57 Kris Vallotton, *Poverty, Riches & Wealth*, p. 41.
58 Kris Vallotton, *Poverty, Riches & Wealth*, p. 41.
59 Mario Murillo, *Edgewise*, p. 86.
60 Paul David Tripp, *Dangerous Calling*, p. 52.
61 Robby Dawkins, *Do What Jesus Did: A Real-Life Field Guide to Healing the Sick, Routing Demons and Changing Lives Forever*, p. 27.
62 Robby Dawkins, *Do What Jesus Did: A Real-Life Field Guide to Healing the Sick, Routing Demons and Changing Lives Forever*, p. 27.

63 Robby Dawkins, *Do What Jesus Did: A Real-Life Field Guide to Healing the Sick, Routing Demons and Changing Lives Forever*, p. 27.
64 R. T. Kendall, *Pigeon Religion*, p. 4.
65 Drs. Jerry & Carol Robeson, *Strongman's His Name: What's His Game?* p. 49.
66 James Maloney, *The Dancing Hand of God*, vol. 2, p.
67 James Maloney, *The Dancing Hand of God*, vol. 2, p. 173.
68 Mark Sayers, *Disappearing Church*, p. 31.
69 Mark Sayers, *Disappearing Church*, p. 34.
70 Mark Sayers, *Disappearing Church*, p. 37.
71 Charles Haddon Spurgeon, Morning and Evening, based on the ESV.
72 David Wilkerson, Have You Felt Like Giving Up Lately?: Finding Hope and Healing When You Feel Discouraged.
73 Bob Larson, *Larson's Book on Spiritual Warfare*, p. 190.
74 J. Vernon McGee, Chapter IV: The Three Entrances: The Doctrine of Worship. https://www.blueletterbible.org/Comm/mcgee_j_vernon/eBooks/tabernacle/chapter-iv-the-three-entrances.cfm (Доступ 30 октября 2023).
75 Francis Chan, *Letters to the Church*.
76 Prince, D. (no date) True and false church—part 1: Sermon: Derek Prince Ministries, Sermon | Derek Prince Ministries. Available at: https://www.derekprince.com/sermons/419 (Доступ 30 октября 2023).
77 Kenneth E. Hagin, *The Believer's Authority*, p. 3.
78 Leonard Ravenhill, *Why Revival Tarries*, p. 60.
79 Leonard Ravenhill, *Why Revival Tarries*, p. 60.
80 Mario Murillo, *Vessels of Fire and Glory*, p. 89.
81 Shawn Bolz, *Exploring The Prophetic,* p. 20.
82 James Maloney, *The Dancing Hand of God*, vol. 2, p. 62.
83 James Maloney, *Ladies of Gold*, vol. 1, p. 76.
84 Mario Murillo, *Vessels of Fire and Glory*, p. 13.
85 Prince, D. (no date) You also must be ready: Sermon: Derek Prince Ministries, Sermon | Derek Prince Ministries. Available at: https://www.derekprince.com/sermons/4 (Доступ 30 октября 2023).
86 Mark Sayers, *Reappearing Church*, p. 126.
87 Prince, D. (no date) The bride prepares herself: Sermon: Derek Prince Ministries, Sermon | Derek Prince Ministries. Available at: https://www.derekprince.com/sermons/37 (Доступ 30 октября 2023)
88 Derek Prince (no date) The church: Sermon: Derek Prince Ministries, Sermon | Derek Prince Ministries. Available at: https://www.derekprince.com/sermons/221 (Доступ 30 октября 2023).
89 Life Center Ministries (2023) Sunday morning || 11am (EST) service || Randy Clark, YouTube. Available at: https://www.youtube.com/watch?v=cBsbXBNqdkQ (Доступ 30 октября 2023).
90 Mark Sayers, *Reappearing Church*, p. 95.
91 James Maloney, *The Dancing Hand of God*, vol. 2, p. 281.

Milton Keynes UK
Ingram Content Group UK Ltd.
UKHW010105030424
440481UK00005B/311

9 798869 132352